Psychologische Experimente

Christian Büsel

Psychologische Experimente

Grundwissen, Planung und Durchführung mit Open-Source-Software

Christian Büsel
Innsbruck, Österreich

In diesem Buch werden ausschließlich Inhalte von Open-Source-Werken behandelt. Zusätzliches Material zu diesem Buch finden Sie auf http://www.lehrbuch-psychologie.springer.com

ISBN 978-3-662-65523-8   ISBN 978-3-662-65524-5 (eBook)
https://doi.org/10.1007/978-3-662-65524-5

Die Deutsche Nationalbibliothek verzeichnet diese Publikation in der Deutschen Nationalbibliografie; detaillierte bibliografische Daten sind im Internet über http://dnb.d-nb.de abrufbar.

© Der/die Herausgeber bzw. der/die Autor(en), exklusiv lizenziert an Springer-Verlag GmbH, DE, ein Teil von Springer Nature 2022
Das Werk einschließlich aller seiner Teile ist urheberrechtlich geschützt. Jede Verwertung, die nicht ausdrücklich vom Urheberrechtsgesetz zugelassen ist, bedarf der vorherigen Zustimmung des Verlags. Das gilt insbesondere für Vervielfältigungen, Bearbeitungen, Übersetzungen, Mikroverfilmungen und die Einspeicherung und Verarbeitung in elektronischen Systemen.
Die Wiedergabe von allgemein beschreibenden Bezeichnungen, Marken, Unternehmensnamen etc. in diesem Werk bedeutet nicht, dass diese frei durch jedermann benutzt werden dürfen. Die Berechtigung zur Benutzung unterliegt, auch ohne gesonderten Hinweis hierzu, den Regeln des Markenrechts. Die Rechte des jeweiligen Zeicheninhabers sind zu beachten.
Der Verlag, die Autoren und die Herausgeber gehen davon aus, dass die Angaben und Informationen in diesem Werk zum Zeitpunkt der Veröffentlichung vollständig und korrekt sind. Weder der Verlag, noch die Autoren oder die Herausgeber übernehmen, ausdrücklich oder implizit, Gewähr für den Inhalt des Werkes, etwaige Fehler oder Äußerungen. Der Verlag bleibt im Hinblick auf geografische Zuordnungen und Gebietsbezeichnungen in veröffentlichten Karten und Institutionsadressen neutral.

Einbandabbildung: © enotmaks/stock.adobe.com

Planung/Lektorat: Joachim Coch
Springer ist ein Imprint der eingetragenen Gesellschaft Springer-Verlag GmbH, DE und ist ein Teil von Springer Nature.
Die Anschrift der Gesellschaft ist: Heidelberger Platz 3, 14197 Berlin, Germany

Vorwort

Laborbasierte Experimentalpsychologie hob nicht nur die Psychologie als eigenständige wissenschaftliche Disziplin aus der Traufe, sondern stellt auch bis heute ein bedeutendes Standbein im Curriculum eines jeden Psychologiestudiums dar. Die Erkenntnisse aus der Experimentalpsychologie bzw. der Allgemeinen Psychologie sind dabei nicht nur Wissen des Wissens wegen, sie geben Aufschluss über das Fundament des menschlichen Erlebens und Verhaltens und bilden so das Fundament für alle weiteren Teildisziplinen der Psychologie. Daher ist es essenziell, nicht nur die Erkenntnisse der Allgemeinen Psychologie zu studieren, sondern auch deren Methoden kritisch reflektieren und anwenden zu können.

Experimente im Laborsetting sind natürlich nicht nur der Allgemeinen Psychologie zu eigen. Auch die klinische, Neuro- und Wirtschaftspsychologie, um nur einige zu nennen, bedienen sich regelmäßig der Methode des Experiments, um ihre Modelle und Hypothesen am Prüfstein der Realität zu testen. Deshalb ist auch nicht nur die generelle Kenntnis um die experimentellen Methoden der Psychologie relevant, sondern auch das Wissen um deren Anwendung. Ob Sie sich also im Laufe Ihres Bildungsweges dazu entscheiden, in der allgemeinpsychologischen Grundlagenforschung, der mehr anwendungsorientierten Forschung oder auch im privatwirtschaftlichen Bereich, etwa im Bereich der Usability-Forschung, tätig sein zu wollen: Das Wissen um die Anwendung der experimentalpsychologischen Methoden stellen eine kaum zu überschätzende Ressource dar.

Grundsätzlich steht uns eine Vielzahl an Möglichkeiten bereit, psychologische Experimente zu erstellen und durchzuführen. Wenn Sie bereits Kenntnisse im Programmieren haben oder lernen wollen, können Sie Experimente in beinahe jeder erdenklichen Programmiersprache erstellen. Sind Sie jedoch – so wie ich – tendenziell weniger begabt, was die Programmierung anbelangt, dann freut es mich, Ihnen mitteilen zu können, dass Sie in diesem Buch zum überwiegenden Teil von Syntax und Befehlen verschont bleiben. Sollten Sie allerdings bereits ein kleines Kitzeln in Ihren Fingerspitzen vor lauter Vorfreude auf ein wenig Programmieren verspüren, dann gibt es auch einige (optionale) Unterkapitel, in denen Sie einen kleinen Einblick in die Programmiersprache Python erhalten.

Allerdings geht einem fertigen Experiment ein langer Prozess der Planung voraus, um eine angemessene Qualität der Forschung an sich und den Daten möglichst sicherzustellen. Ziel dieses Buches ist es daher auch, Sie mit der Planung von Experimenten, sei es deren Aufbau, die Wahl der relevanten Faktoren, die Minimierung der Fehlervarianz und ethischen Rahmenbedingungen, vertraut zu machen. Selbstverständlich ist es nicht möglich, in einem Buch alle Themen bis in die kleinste Einzelheit zu diskutieren. Sie sollen aber nach der Lektüre dieses Buches befähigt sein, eigenständig Experimente zu planen, entwerfen, erstellen und durchzuführen. Da es sich bei diesen Themen nicht immer unbedingt um die spaßigsten handelt, habe ich mir erlaubt, hier und da ein paar Witzeleien einzubauen, um die Materie (hoffentlich) ein wenig aufzulockern.

Lange Zeit waren Programme, die ein simples Erstellen von Experimenten mithilfe einer grafischen Nutzeroberfläche ermöglichten, hinter einer nicht zu unterschätzenden finanziellen Barriere versteckt. Eines meiner persönlichen Credos ist aber, meinen Studierenden den Umgang mit Werkzeugen der Psychologie beizubringen, die sie auch nach dem Abschluss ihres Studiums verwenden können. Darum liegt der Fokus dieses Büchleins darauf, Ihnen ausschließlich Open-Source-Software vorzustellen, die Sie kostenfrei und jederzeit verwenden können. Explizit möchte ich aber darauf hinweisen, dass die Open-Source-Gemeinschaft von der unbezahlten Arbeit und Initiative vieler helfender Hände lebt. Bereits kleine Beiträge können den Fortbestand eines Projektes unterstützen, sei es in Form von kleinen finanziellen Spenden, der gegenseitigen Hilfe in entsprechenden Foren oder auch der Mitarbeit an der Software selbst. Wie und ob Sie sich in diese Projekte einbringen wollen, obliegt aber selbstverständlich ausschließlich Ihrem Gutdünken.

Im ersten Abschnitt dieses Buches, in dem es um die Planung von Experimenten geht, finden Sie regelmäßig Exkurse in Forschungsarbeiten, in denen die Relevanz der eben besprochenen Themen demonstriert wird. Mein persönlicher Forschungshintergrund ist die visuelle Aufmerksamkeitsforschung, weshalb ich Sie in diesen Exkursen auch in die auf- und anregende Welt dieses Forschungsbereiches mitnehmen will. Auch die beiden Experimente, die Sie anhand dieses Buches erstellen, entstammen diesem Forschungsfeld. Ungeachtet der Wahl der Experimente und Themen der Exkurse sind die damit transportierten Inhalte aber selbstverständlich auch für andere Forschungsbereiche relevant. Die visuelle

Aufmerksamkeitsforschung dient also primär als Vehikel, das die theoretischen Inhalte im Kontext realer Forschung abbilden soll. Zusätzlich zum Planen und Erstellen von psychologischen Experimenten möchte ich Ihnen in diesem Buch den Umgang mit den Daten näherbringen, die Sie aus Ihren Experimenten gewinnen. Wir sind es zumeist gewohnt, in unseren Statistik-Kursen Daten zu erhalten, die für die jeweiligen Statistik-Softwares bereits korrekt aufgearbeitet wurden. Wenn Sie dann aber selbst Daten erheben und analysieren wollen, könnten Sie mitunter vor der Herausforderung stehen, dass Sie Ihre Daten zuerst splitten, trimmen und transformieren müssen. In alle diese Themen gibt dieses Buch einen kurzen Einblick und stellt Ihnen ein kleines Werkzeug für diese Aufgaben vor: https://psyexp.shinyapps.io/daten-toolbox/. Diese kleine, aber feine Online-Anwendung kann Ihnen den Umgang mit Ihren Daten hoffentlich wesentlich erleichtern. Die Daten-Toolbox ist eine ShinyApp, also eine Anwendung, die in R geschrieben wurde und auf shinyapps.io gehostet wird (Fragen des Datenschutzes finden Sie unter der folgenden Adresse beantwortet: https://www.rstudio.com/about/privacy-policy/). Auch diese Anwendung ist Open-Source, und Sie finden den Quellcode dazu verlinkt in der Daten-Toolbox.

Ergänzend zu diesem Büchlein finden Sie noch zusätzliche Materialien im Downloadbereich von https://psyexp.shinyapps.io/daten-toolbox/. Diese Materialien umfassen die verwendeten Reize, Experimente und einen beispielhaften Datensatz, mit dem Sie sich in die Daten-Toolbox einarbeiten können. Des Weiteren finden Sie Materialien auf der Seite www.lehrbuch-psychologie.springer.com unter dem Link des Buchcovers. Dort können sich sowohl Dozierende Lehrmaterialien zum Buch herunterladen als auch Studierende Antworten auf die im Buch an Kapitelenden gestellten Fragen. Ein kleines Glossar ergänzt die Unterlagen.

Innsbruck   Christian Büsel

Inhaltsverzeichnis

1 Einführung in das Verhaltensexperiment 1
   1.1 Historische Entwicklung der Experimentalpsychologie 1
        Von Aristoteles zu Wundt 1
        Behaviorismus und kognitive Wende 3
   1.2 Die Methoden der Psychologie 4
        Beobachtungsort 5
        Art der Daten 6
   1.3 Das psychologische Laborexperiment 7
        Donders mentale Chronometrie 9

2 Planungen eines Experiments 13
   2.1 Anatomie eines Experiments 13
        Bildschirme 13
        Durchgänge 14
        Blöcke 14
   2.2 Max-Kon-Min Prinzip 20
        Primärvarianz 20
        Sekundärvarianz 21
        Zufallsfehler 22
   2.3 Faktoren 24
   2.4 Zwischen- & Innersubjektfaktoren 25
        Zwischensubjektfaktoren 25
        Innersubjektfaktoren 26
        Gemischte Designs 26
   2.5 Messwiederholungen 28
   2.6 Randomisierung und Balancierung 32

3	**Einführung in OpenSesame**	37
3.1	Überblick über dieses Kapitel	37
3.2	Was ist OpenSesame?	37
3.3	Wofür ist OpenSesame gut?	41
3.4	Weiterer Ausblick	42
4	**Aufbau von OpenSesame**	43
4.1	Die Nutzeroberfläche	43
4.2	Werkzeugleiste und Plugins	46
5	**Erste Schritte in OpenSesame**	51
5.1	Die Logik von OpenSesame	51
	Backends	51
	Unsere erste Sequenz	53
	Antworten sammeln und speichern	56
	Daten eines OpenSesame-Experiments	59
6	**Hinweisreizparadigma**	61
6.1	Hintergrund und Design	61
6.2	Design in OpenSesame	63
	6.2.1 Periphere Hinweisreize	64
	6.2.2 Zentrale Hinweisreize	74
6.3	Feedback und Pausen	79
	6.3.1 Feedback	79
	6.3.2 Pausen	80
6.4	Balancieren	81
6.5	Inline-Skript: Randomisierte Fixationsdauer	82
	6.5.1 Das Inline-Skript Plugin	85
	6.5.2 Prepare-Run-Strategie	87
7	**Visuelle Suche – Additional Singleton Paradigma**	91
7.1	Hintergrund und Design	91
7.2	Design in OpenSesame	95
7.3	Trialtabellen	101
	7.3.1 Software	101
	7.3.2 Erstellen der Trialtabellen	102
	7.3.3 Einfügen der Trialtabellen	105
7.4	Auditives Feedback	107
7.5	Inline-Skript: Balancierte Antworten & Trialtabellen	108
	7.5.1 Balancierte Antworten	108
	7.5.2 Balancierte Trialtabellen	111

8	**Durchführung eines Experiments**	115
	8.1 Testort	115
	8.2 Standardisierung	117
	8.3 Instruktionen	117
	8.4 Ethische Überlegungen bei Experimenten	118
	8.5 Transparenz gegenüber den Versuchspersonen	119
	8.5.1 Einverständniserklärung	119
	8.5.2 Debriefing	120
9	**Datenaufbearbeitung**	121
	9.1 Rohdaten aus OpenSesame	122
	9.2 Fälle ausschließen	123
	9.3 Daten trimmen	126
	Fixe Cut-Off Werte	127
	Trimmen nach Mittelwerten und Standardabweichungen	129
	9.4 Lang- und Weitformat	132
Literatur		135

Einführung in das Verhaltensexperiment

1.1 Historische Entwicklung der Experimentalpsychologie

Dieser kurze Überblick über einige Eckdaten der historischen Entwicklung der Experimentalpsychologie stellt keineswegs den Anspruch, vollständig und für andere Teilbereiche der Psychologie repräsentativ zu sein. Vielmehr soll dieser (sehr) kurze Überblick dem bzw. der Leser:in als grober Überblick dienen, um die grobe historische Entwicklung der modernen Experimentalpsychologie nachvollziehen zu können.

Interessierte Leser:innen, die eine detailliertere Auseinandersetzung mit der historischen Entwicklung des Faches wünschen, seien an die Quellen in diesem Abschnitt verwiesen.

Von Aristoteles zu Wundt

Bevor wir uns die Fertigkeiten der Experimentalpsychologie zu eigen machen, ist es ratsam, einen kurzen Blick in die Vergangenheit zu werfen und zu reflektieren, woher unser Fach eigentlich kommt. Zwar beschäftigten sich bereits Aristoteles (384–322 v. Chr.) und seine Zeitgenossen mit Fragen nach dem „Seelenleben", worunter auch kognitive und sensorische Funktionen fielen (Hatfield, 2002), von unserer modernen Konzeption mentaler Prozesse und deren Erforschung waren diese Herrschaften jedoch noch weit entfernt.

Viele weitere Persönlichkeiten beschäftigten sich im Laufe der Zeit mit der Psyche, wie etwa Thomas von Aquin, René Descartes, John Locke, John Stuart Mill und Alexander Bain, um nur einige zu nennen. Während die hier genannten Persönlichkeiten ein Y-Chromosom aufzuweisen pflegten, sollen auch die

Leistungen früher Psychologinnen nicht verschwiegen werden. So verfasste beispielsweise Elizabeth Ricord bereits um 1840 ein Lehrbuch für Psychologie (Scarborough, 1992). Abseits von Mädcheninternaten hatten weibliche Experimentalpsychologinnen (wie Sie wohl vermutet haben) aber leider einen schweren Stand. An Universitäten wurden Vorläufer der modernen Psychologie im 19. Jahrhundert an einflussreichen philosophischen Fakultäten gelehrt, wie etwa in Schottland und England (Mandler, 2006). In diesen Anfängen der akademischen Psychologie war die primäre Forschungsmethode der Forschenden ihr Sitzfleisch: Erkenntnisse wurden nicht durch systematische und kontrollierte Beobachtungen gewonnen, sondern durch Introspektion, also sog. „Armchair"-Psychologinnen bzw. -Psychologen.

Warum also lernen wir regelmäßig, dass die Psychologie 1879 geboren ist? Nun, diese Aussage alleine ist natürlich eine grobe Vereinfachung der tatsächlichen historischen Umstände. Man hat sich jedoch auf dieses Jahr geeinigt, da Wilhelm Wundt im Jahr 1879 das erste experimentalpsychologische Labor an der Universität Leipzig gegründet hat. Obwohl es bereits zuvor einen akademischen Diskurs zur Psyche an anderen Universitäten gab, brach Wundt mit der Tradition, die Psyche – als Teilbereich der Philosophie – rein introspektiv zu erforschen. Vielmehr strebte er danach, die menschliche Psyche nach dem Vorbild anderer Naturwissenschaften empirisch, systematisch und methodisch rigoros zu beforschen. Mit „methodisch rigoros" ist gemeint, dass Erkenntnisse nur auf der Basis von gut kontrollierten Experimenten gewonnen werden sollten. Das bedeutet jedoch nicht, dass Methoden wie die Introspektion damals gänzlich aus dem Repertoire der Experimentalpsychologie verschwunden sind. Wilhelm Wundt bediente sich etwa immer noch der „geschulten Introspektion" von erfahrenen Versuchspersonen.

Durch Wundts Gründung dieses experimentalpsychologischen Labors emanzipierte sich die Psychologie allmählich von der Philosophie, die bis ins 19. Jahrhundert als „Mutter aller wissenschaftlichen Disziplinen" auch die Lehre des menschlichen Erlebens und Verhaltens beinhaltete. Diese neue Psychologie nach Wundt (und natürlich auch anderen Pionieren) strebte nach jener methodischen Finesse und Präzision, wie sie auch damals schon in der Physik und Physiologie zu finden waren. An dieser Stelle soll auch nicht unerwähnt bleiben, dass frühe Forschung zur menschlichen Wahrnehmung im Rahmen der (Sinnes-)Physiologie betrieben wurde, etwa von Gustav Theodor Fechner (1801–1887), Hermann von Helmholtz (1821–1894) und Ernst Mach (1838–1916), um nur einige zu nennen.

Nach Wundts Gründung des experimentalpsychologischen Labors in Leipzig wurden in weiterer Folge auch an anderen Universitäten Lehrstühle spezifisch für

Psychologie begründet. Zu Beginn wurden diese Neugründungen allerdings noch von teils heftigen Disputen darüber begleitet, ob diese neu begründeten Lehrstühle von Philosophen oder mehr naturwissenschaftlich orientierten Forschern besetzt werden sollten. Wie Sie sich bereits denken können, setzten sich Zweitere mehr und mehr durch. Das eigenständige Fach der Psychologie ward geboren.

Behaviorismus und kognitive Wende

Ausgehend von Wundts Laborgründung in Leipzig folgten viele weitere experimentalpsychologische Labore rund um die Welt. Im englischsprachigen Raum geht die wohl bekannteste Laborgründung auf William James an der Harvard University zurück. Auch wenn sich die junge Experimentalpsychologie nun allmählich immer mehr an den Naturwissenschaften orientierte, standen Forscher:innen (damals wie auch heute) vor einer massiven Herausforderung: wie können psychische Phänomene wie Wahrnehmung, Aufmerksamkeit, Gedächtnis etc. mit derselben Präzision gemessen werden, wie die Physik beispielsweise den Luftdruck mit einem Barometer oder eine etwaige Strahlenbelastung mit einem Zählrohr? Wir können nicht einfach ein Gehirn auf einen Doppelspalt schießen und uns dadurch Aufschlüsse über Gedächtnisprozesse erwarten (diese Ethikkommissionen, am I right?). Während man also durchaus in der Lage ist und war, Versuchspersonen auf bestimmte Ereignisse reagieren zu lassen, mussten und müssen mentale Prozesse, die zwischen der Reizpräsentation und der Reaktion vor sich gehen, indirekt erschlossen bzw. durch mehr oder weniger abstrakte Modelle erklärt werden.

Während sich im deutschsprachigen Raum die Gestaltpsychologie als Erklärungsansatz für psychologische Phänomene entwickelte, ging man auf der anderen Seite des großen Teichs einen gänzlich anderen Weg. John B. Watson formulierte 1913 in seinem Aufsatz *Psychology as the behaviorist views it* die Grundgedanken des Behaviorismus: Zwar ging Watson davon aus, dass menschliches Verhalten letztlich durch Physik und Chemie erklärbar sei (cf. Hatfield, 2002), jedoch sollte sich die Psychologie seiner Meinung nach in der Zwischenzeit mit Reiz-Reaktionsbeziehungen im Sinne Pavlovs klassischer (und später Thorndikes operanter) Konditionierung beschäftigen. Im Gegensatz zu seinen Nachfolgern könnte man Watsons Position noch als sanft bezeichnen. Forscher wie Skinner lehnten gar die Theoriebildung in der Psychologie ab und forderten ein Ende mentalistischer Erklärungen und eine reine Besinnung auf beobachtbare Reiz-Reaktions-Beziehungen. Jegliche Prozesse, die in der sog. *Blackbox,* also jenem Zwischenschritt zwischen einem Reiz und der Reaktion, vor sich gehen, können nicht beobachtet und daher, so Skinner, gar nicht erst erklärt werden.

Grundsätzlich ist diese Ansicht der Vertreter:innen des Behaviorismus für viele vielleicht nachvollziehbar. Skinner trieb seine Ablehnung mentaler Prozesse jedoch so weit, dass er in seinem Werk *Verbal Behavior* Sprache und den Spracherwerb mithilfe behavioristischer Mechanismen zu erklären versuchte. Dieses Unterfangen brachte ihm (auf gut Österreichisch gesagt) eine heftige argumentative Gnackwatsche (auf gut Deutsch gesagt „Genickschelle"?) von Noam Chomsky ein und läutete das Ende des Behaviorismus als dominantes Paradigma und den Beginn der kognitiven Wende ein. Die kognitive Wende bezieht sich nicht lediglich auf die (Kognitions-)Psychologie alleine, sondern beschreibt die Kognitionswissenschaften generell. Die Kognitionswissenschaften inkludieren auch Informatik, Linguistik, Neurowissenschaften und Anthropologie. Für die Experimentalpsychologie bedeutete die kognitive Wende eine Kombination zweier vormals scheinbar unvereinbarer Lager: Theorien über den Ablauf geistiger Prozesse werden mit methodisch präzisen Messungen überprüft. Im Gegensatz zum Behaviorismus erlaubt dieser neue Zugang, eine der größten Stärken der (Natur-)Wissenschaften auszuspielen: Vorhersagen auf Basis theoretischer Überlegungen zu tätigen und anhand systematischer Beobachtungen entweder zu bestätigen, zu modifizieren oder zu verwerfen.

1.2 Die Methoden der Psychologie

Wozu dient dieser kurze Überblick über die Geschichte der Psychologie als eigenständige wissenschaftliche Disziplin? Es soll verdeutlicht werden, dass die Psychologie nicht ausschließlich durch die von ihr behandelten Inhalte die Anerkennung als eigenständige Disziplin erlangte, sondern besonders durch die wissenschaftliche Methodik, die sie anwendet. Während es verlockend sein mag, sich ein Pfeifchen anzuzünden und vor dem offenen Kaminfeuer über die Natur des Menschen zu sinnieren, so wenig fundiert sind die daraus resultierenden Schlüsse. Zwar ist es möglich, anhand einer logischen Argumentationskette zum einen oder anderen Schluss zu kommen, allerdings sind diese Schlüsse nur bedingt nützlich, wenn sie einem Test an der Realität nicht standhalten – sofern sie überhaupt überprüfbar sind.

Heute kennen wir in der Psychologie eine Vielzahl von Forschungsmethoden, die sich anhand zweier Dimensionen einordnen lassen:

1. Beobachtungsort (Feld vs. Labor)
2. Art der Daten (qualitativ vs. quantitativ)

Beobachtungsort

Feldstudien

Wenn wir eine wissenschaftliche Untersuchung planen, hängt die Wahl des Beobachtungsortes (also jenes Ortes, an dem wir das Verhalten der für uns interessanten Population beobachten wollen) stark von der Fragestellung ab. Während subtile, nicht direkt beobachtbare Phänomene, wie etwa die Funktionsweise des Arbeitsgedächtnisses idealerweise nur unter hochgradig kontrollierten Bedingungen erhoben werden sollten, um ausschließen zu können, dass gefundene Effekte nicht durch zufällige störende Einflüsse zustande gekommen sind, kann man andere Phänomene der menschlichen Psyche nur schwer unter kontrollierten Bedingungen untersuchen. Nehmen wir das Beispiel Mobbing: Abgesehen von etwaigen Pandemien und sozialen Medien sind wir Menschen in der freien Wildbahn recht soziale und kommunikative Trockennasenaffen. Aus diesen sozialen Situationen können positive wie auch negative Dinge entstehen, wie etwa Kooperation, Konkurrenz, Zuneigung und antisoziales Verhalten. All diese (nicht exklusiv) menschlichen Verhaltensweisen entstehen organisch in Situationen und sind daher nicht sonderlich gut dazu geeignet, künstlich in einer Laborsituation untersucht zu werden, sondern in jenen Situationen, in denen sie entstehen. Stattdessen wäre es empfehlenswert, sich die die metaphorischen Gummistiefel anzuziehen, ins Feld zu gehen und direkt in den relevanten Situationen zu untersuchen, wie sich (anti-)soziales Verhalten entwickelt und entfaltet.

Laborexperimente

Wie bereits angedeutet, ist dieses „sich entwickeln lassen" von Situationen nicht dazu geeignet, alle Mechanismen des menschlichen Erlebens und Verhaltens zu studieren. Möchte ich beispielsweise wissen, ob ein subliminaler Reiz (also ein Reiz, der von der Versuchsperson nicht bewusst wahrgenommen wurde) das Verhalten beeinflussen kann, reicht es nicht, einer Person in einer belebten Einkaufsstraße kurz ein Bild von einer Banane zu zeigen, ihr danach hinterher zu schleichen und aufzuzeichnen, ob sie sich früher oder später eine Banane kauft. Selbst wenn sich mehrere Personen, denen ich dasselbe Bild einer Banane gezeigt habe, unmittelbar danach eine Banane kaufen, ist dieser Umstand deshalb einer unbewussten Verarbeitung meines Bildes und einer daraus entstandenen Handlungsaufforderung zuzuschreiben? Möglich. Vielleicht aber auch nicht. Haben die Personen davor eventuell in einer Eisdiele einen Bananensplit-Becher gesehen? Bin ich im Weg einer noch viel größeren Werbung für Bananen gestanden? Wurden Bananen gerade eben von Kanye West als Heilmittel für Größenwahn angepriesen?

Sie sehen, es gibt viele (mehr oder weniger plausible) alternative Erklärungen für die Ergebnisse unseres Bananenexperiments. Will man also zuverlässige Aussagen über die Verarbeitung unbewusster Reize treffen, so muss eine Untersuchung dazu unter Rahmenbedingungen stattfinden, die eine maximale Kontrolle potenzieller Störvariablen erlauben. Hier bietet sich das Labor an: Versuchspersonen werden nur mit jenen Reizen konfrontiert, die für die gegenwärtige Untersuchung von Interesse sind, während andere, störende Einflüsse so gut wie möglich ausgeschaltet oder aber zumindest kontrolliert (z. B. konstant gehalten) werden.

Art der Daten

Qualitative Daten

Wenn wir Daten erheben, die auf verbalen bzw. nicht klar numerisch bezifferbaren Werten basieren, sprechen wir von qualitativen Daten. Stellen Sie sich vor, Sie sind daran interessiert, nicht nur herauszufinden, unter welchen Umständen es zu Mobbing kommen kann und wie sich dieses äußert, sondern Sie wollen auch den Gründen bzw. den Motivationen der mobbenden Personen auf den Grund gehen. Diese Frage lässt sich kaum mit einem computergestützten Experiment beantworten. Der direktere und ergiebigere Weg zu einer befriedigenden Antwort ist es, die betroffenen Personen direkt danach zu fragen.

Eine beliebte Methode hierzu ist es, mit den jeweiligen Personen ein Interview zu führen und auf Basis ihrer Angaben Antworten auf die Forschungsfrage zu finden. Führen wir ein Interview mit Betroffenen, so sind wir in erster Linie nicht an Daten interessiert, die wir statistisch verwerten und auf die gesamte Population generalisieren können, sondern eher an der inhaltlichen Auseinandersetzung mit den Angaben der befragten Personen. Das soll natürlich keineswegs bedeuten, dass man mit Daten, die aus Interviews gewonnen werden, keine Statistiken rechnen kann oder soll. Oftmals ist es natürlich relevant, Angaben der Personen in Kategorien einzuteilen und zumindest deskriptivstatistisch darzustellen. Der primäre Fokus qualitativer Daten liegt aber oft nicht in der statistischen Hypothesenprüfung, sondern der Generierung von Hypothesen.

Quantitative Daten

Unter quantitativen Daten verstehen wir jene Daten, die einer Variable von Interesse keinen semantischen, sondern einen numerischen Wert zuweisen. Zwar wäre es schön, wenn uns unsere Waage unser Gewicht in blumigen Adjektiven angeben würde (wie etwa „flawless", wie könnte es anders sein?), realistisch betrachtet ist es aber schon praktisch, wenn wir genau beziffern können, mit welchem Wert wir die quadrierte Lichtgeschwindigkeit multiplizieren müssen, um unsere Ruheenergie berechnen zu können. Langweiler:innen würden wohl einfach „Gewicht" dazu sagen...

In der Psychologie werden quantitative Daten für eine Vielzahl von unterschiedlichen Fragestellungen verwendet. So könnten wir beispielsweise abzählen, wie häufig Personen auf einen bestimmten Reiz blicken, messen, welche Punktezahl eine Person in einer Testbatterie hat, an wie viele Items sich eine Versuchsperson in einem Gedächtnistest erinnern kann oder auch, wie lange eine Person braucht, um nach dem Auftreten eines Reizes eine Antwort zu geben. Auf letzterem liegt das Hauptaugenmerk dieses Buches.

Quantitative Daten erlauben es uns, statistische Analysen zu rechnen. So können wir zum Beispiel angeben, wie viele Frauen und Männer in einem Experiment teilgenommen haben (Häufigkeiten) und wie alt sie im Schnitt waren (Mittelwert). Diese beiden Maße sind Beispiele für deskriptivstatistische Angaben. Quantitative Daten erlauben es uns aber auch, inferenzstatistische Aussagen über eine Population zu treffen und (mehr oder weniger) präzise Aussagen selbst über nicht erhobene Personen zu tätigen.

Auf Basis der oben dargestellten Eigenschaften qualitativer und quantitativer Daten ist nun (hoffentlich) klar, dass qualitative Daten beschreibend sind bzw. Konzepte abbilden, während quantitative Daten abzählbar und messbar sind.

1.3 Das psychologische Laborexperiment

Verhaltensexperimente an sich sind so intuitiv verständlich, dass die meisten von uns es vermutlich bereits völlig ohne Anleitung geschafft haben, selbst eines durchzuführen. Manch Spaßkanone unter uns hat höchstwahrscheinlich zumindest einmal einer Freundin oder einem Freund einen Reiz gezeigt oder entzogen, nur um zu sehen, wie er oder sie darauf reagiert – und sich daran ergötzt. Ob das nun eine Plastikspinne auf dem Kopfpolster oder ein kurzzeitig entwendetes Handy war, die Logik bleibt die gleiche: Wir wollen beobachten, wie unsere Versuchsperson auf die von uns herbeigeführte Manipulation ihrer Umgebung reagiert.

In der allgemeinpsychologischen Forschung sind oft an Phänomenen interessiert, auf die wir keinen direkten Zugriff bzw. Einblick haben. Manche dieser Phänomene kann man durchaus durch gezieltes Nachfragen bei den betroffenen Personen erfragen. Wenn es zum Beispiel von Interesse ist, warum sich eine Person für einen bestimmten Studiengang eingeschrieben hat, dann ist es zwar nicht möglich, von außen zu erschließen, warum eine Person sich so entschieden hat, man kann jedoch die Motivation dahinter erfragen (sofern sie der Person bewusst ist). Komplexer wird es allerdings, wenn man beispielsweise die Architektur des Gedächtnisses untersuchen möchte. Hand aufs Herz, wer unter uns könnte durch Introspektion zum Schluss kommen, dass man bei der Suche nach einem roten Tesla (geschickte Produktplatzierung) zunächst Informationen zum Aussehen eines Teslas von Langzeitgedächtnis ins Arbeitsgedächtnis „lädt", und jene Neuronen, die im visuellen Kortex die Farbe Rot repräsentieren voraktiviert, sodass das Wahrnehmen der Farbe Rot zu einer schnelleren und stärkeren Aktivierung eben jener Neurone führt (vgl. Zhou et al., 2020; Desimone & Duncan, 1995). Selbst ein sehr gut geführtes Interview könnte uns wohl nicht zu dieser Einsicht führen, da Prozesse wie die eben angesprochenen unserem Bewusstsein nicht direkt zugänglich sind. Stattdessen müssen wir auf ausgefeilte experimentelle Designs zurückgreifen, um Fragestellungen wie diese beantworten zu können. In der experimentellen Psychologie sind das zumeist laborbasierte, gut kontrollierte und optional um neurophysiologische Methoden ergänzte Verhaltensexperimente.

Ein Laborexperiment bietet uns zusätzlich ein hohes Ausmaß an Kontrolle möglicher unerwünschter Einflüsse auf die erhobenen Daten. Es ist uns möglich, die Geräuschkulisse zu kontrollieren, die Helligkeit des Raumes konstant zu halten etc. Während wir beispielsweise bei der Beobachtung im Feld nur begründete Annahmen darüber treffen kann, warum wir nun eine bestimmte Verhaltensweise beobachten können oder nicht, ist es uns möglich, im Labor wirklich kausale Zusammenhänge zu testen. Ein besonders relevanter Faktor hierfür ist, dass es im Labor möglich ist, zeitliche Zusammenhänge zwischen Ursache und Wirkung zu kontrollieren und zu variieren. Wenn wir zum Beispiel Gruppendynamiken in einem natürlichen Umfeld nur beobachten und selbst keine aktive Manipulation der Situation vornehmen, dann lässt sich eine beobachtete Verhaltensweise nicht mit absoluter Sicherheit auf einen einzigen Auslöser zurückführen. Verhält sich eine Person gerade eben so, weil unmittelbar davor ein auslösendes Ereignis geschehen ist? War die Person bereits zuvor schlecht drauf und zeigt deshalb das beobachtete Verhalten? Es gibt für solche Arten von Beobachtungen im Feld vielerlei potenzielle Erklärungen.

Im Labor (oder auch den oben angeführten privat durchführbaren Versuchen) ist es hingegen möglich, die Quelle eines beobachteten Effekts wirklich auf eine bestimmte experimentelle Manipulation zurückzuführen. Das ist dann möglich, wenn ein bestimmtes Verhalten einer Versuchsperson nur beobachtet wird, wenn eine bestimmte experimentelle Manipulation vorgenommen wurde (Experimentalbedingung) und nicht, wenn keine Manipulation vorgenommen, bzw. eine Kontrollbedingung präsentiert wurde.

Donders mentale Chronometrie

Das Verhaltensexperiment in der Experimentalpsychologie bezeichnet also jene Methode, in der beobachtbares Verhalten von Versuchspersonen auf jedwede experimentellen Manipulationen als Antwortvariable verwendet wird. Anders formuliert: in einem psychologischen Verhaltensexperiment wird die Wirkung systematischer Variationen von inhaltlich relevanten Variablen *(unabhängige Variable; UV)* auf das Verhalten*(abhängige Variable; AV)* unserer Versuchspersonen untersucht. Die relevanten AVs sind in einem Verhaltensexperiment sehr oft Reaktionszeiten (RTs für engl. *response times*) und Fehlerraten (ERs für engl. *error rates*).

Die Logik, die der verhaltenspsychologischen Methode zugrunde liegt, geht auf Frans Cornelis Donders (1818–1889) zurück. Donders entwickelte eine gleichsam simple, wie auch elegante Methode, um die Dauer mentaler Prozesse zu messen: Die mentale Chronometrie (Donders, 1969).

Am besten formuliert es Donders (1969, S. 418) selbst:

> „The idea occurred to me to interpose into the process of the physiological time some new components of mental action. If I investigated how much this would lengthen the physiological time, this would, I judged, reveal the time required for the interposed term."

Unter *physiological time* versteht Donders jene Zeit, die zwischen einer Reizpräsentation und einer Reaktion vergeht. Heute wird diese *physiological time* üblicherweise *Reaktionszeit* bzw. *response time* genannt. Auf gut Deutsch spekuliert Donders, dass man, wenn man Versuchsperson sehr einfache, aber leicht unterschiedliche Aufgaben erledigen lässt, die sich lediglich in wenigen mentalen Verarbeitungsschritten unterscheiden, man durch die Differenz der RTs auf die Dauer jener Verarbeitungsschritte schließen kann, die in einer Aufgabe benötigt werden und in der anderen nicht. Das klingt jetzt vermutlich erst einmal sehr kryptisch und auch mein ehemaliger Deutschlehrer kann Ihnen ein Lied von meinem Hang zu kryptischen Ausdrucksweisen singen. Schauen wir uns deshalb jene Aufgaben genauer an, die Donders verwendete.

1. **Detektionsaufgabe/a-Aufgabe:** Die Versuchspersonen sollten so schnell wie möglich eine Taste drücken, sobald sie einen Reiz sahen.

Donders vermutete in dieser Aufgabe die kürzesten RTs, da lediglich zwei Prozesse für diese Aufgabe notwendig seien:
Detektion → Reaktion

2. **Wahlreaktionsaufgabe/b-Aufgabe:** Zwei unterschiedliche Reize wurden präsentiert und Versuchspersonen sollten, in Abhängigkeit des jeweiligen Reizes, eine von zwei Reaktionen ausführen.

Teilschritte, die in dieser Aufgabe postuliert wurden:
Detektion → Reizdiskriminierung → Reaktionsauswahl → Reaktion

3. **Go/No-Go-Aufgabe/c-Aufgabe:** Versuchspersonen sollten lediglich auf einen von zwei präsentierten Reizen reagieren.

Teilschritte dieser Aufgabe:
Detektion → Reizdiskriminierung → Reaktion (oder nicht)

Donders argumentierte, dass man, um die Dauer der Reizunterscheidung zu bestimmen, lediglich RTs aus der a-Aufgabe von RTs aus der c-Aufgabe subtrahieren müsse. Die dahinterliegende Logik ist so simpel wie elegant: a- und c-Aufgabe unterscheiden sich lediglich in einem Teilschritt voneinander. RT Unterschiede zwischen a- und c-Aufgabe sollten also lediglich durch diesen Teilschritt zustande kommen.

Diese Substraktionslogik zieht sich bis heute durch die Experimentalpsychologie: Kongruenzeffekte (u. a. der Stroop-Effekt), Primingeffekte, Validitätseffekt und viele mehr sind simple Mittelwertunterschiede (Kongruenzeffekte = $RTs_{inkongruent}$ minus $RTs_{kongruent}$; Validitätseffekt = $RTs_{invalide}$ minus RTs_{valide}). Während man bei Kongruenzeffekten postuliert, dass diese Mittelwertunterschiede mentale oder motorische Konflikte in inkongruenten Bedingungen darstellen, wird beim Validitätseffekt vermutet, dass die längeren RTs in invaliden verglichen mit validen Durchgängen durch eine Neuausrichtung der Aufmerksamkeit zustande kommen. Sie werden noch mehr von diesem Validitätseffekt in Abschn. 6.1 erfahren. Doch wie und warum kommen jetzt ERs ins Spiel? Es wird, wie bereits festgestellt, vermutet, dass manche Bedingungen zusätzliche Teilschritte erfordern (z. B. das Bewältigen mentaler oder motorischer Konflikte in inkongruenten Durchgängen). Durch diese internen Konflikte steigt das Potenzial, fehlerhafte Antworten zu geben. Im Umkehrschluss sollten Bedingungen, die keinen Konflikt verursachen, leichter zu erledigen sein und eine kleinere Fehlerrate zur Folge haben. Wir erwarten also identische Effekte in RTs und ERs: einfachere Bedingung: schnellere (kleinere) RTs und kleinere ERs schwierige Bedingung: langsamere (höhere) RTs und höhere ERs.

Info
Der Fokus im Großteil der Verhaltensexperimente liegt auf den RTs. ERs werden oft nur zur Absicherung gegen sogenannte Speed-Accuracy-Trade-Offs analysiert: Wenn Versuchspersonen in einer Bedingung schnellere RTs, aber höhere ERs und in einer anderen Bedingung längere RTs, dafür niedrigere ERs haben, dann lässt sich nicht ausschließen, dass RT-Unterschiede durch ein strategisches Vorgehen der Versuchspersonen zustande gekommen sind und nicht durch die Wirkung der UV.

Übungsaufgaben

1. Was ist der Unterschied zwischen Feldstudien und Laborexperimenten?
2. Welche möglichen Störvariablen können Sie im Labor kontrollieren, die sich im Feld nicht kontrollieren lassen?
3. Was reflektieren Reaktionszeitdifferenzen in der Logik der mentalen Chronometrie?
4. Wie sollten sich einfachere von schwierigeren Bedingungen in Reaktionszeiten und Fehlerraten unterscheiden?

Planungen eines Experiments 2

Vor einem Experiment müssen mehrere Überlegungen getätigt und Entscheidungen getroffen werden. Welchen Effekt möchte ich untersuchen? Welche Einflussvariablen muss ich dafür manipulieren? Wie genau soll mein Experiment aussehen? Wie viele Messwiederholungen benötige ich?

2.1 Anatomie eines Experiments

Bevor wir über die konkrete Planung eines Experiments sprechen, sollten wir uns einen Überblick über die Grundbegriffe und die Bestandteile eines herkömmlichen computergestützten Experiments der Experimentalpsychologie verschaffen. Natürlich können sich diese Bestandteile je nach ihrer inhaltlichen Orientierung auch ändern oder weitere Phasen hinzukommen. Hier wird der Fokus jedoch primär auf Experimente gelegt, wie sie in der visuellen Aufmerksamkeitsforschung verwendet werden. Nichtsdestotrotz sind die Begrifflichkeiten und Konzepte auch über diesen spezifischen Forschungsbereich hinaus gebräuchlich. Es ist daher sehr wichtig, sich über die Bedeutung dieser Begriffe im Klaren zu sein, da dies nicht nur das Verständnis von Experimenten, welche vorgestellt werden, erhöht, sondern auch den Austausch mit Kollegen und Kolleginnen bei der Planung von Experimenten wesentlich erleichtert. Also, was sind Bildschirme, Durchgänge, gemischte Blöcke und reine Blöcke?

Bildschirme

Wenn Sie einen Blick auf Abb. 2.1 werfen, sehen Sie, dass ein Bildschirm die kleinste „Einheit" eines Experiments darstellt. Auch wenn schnell klar ist, was

„Bildschirm" im gegenwärtigen Kontext bedeutet, mag der Begriff zunächst etwas verwirrend sein. Logischerweise hieven wir während eines Experiments nicht eine Reihe von Computermonitoren vor die Versuchspersonen. Bildschirm im Kontext eines Experiments bezieht sich auf jenen Reiz bzw. jene Konfiguration von Reizen, die einer Versuchsperson zu einem gegebenen Zeitpunkt präsentiert werden.

Durchgänge

Ein oder (meist) mehrere Bildschirme konstituieren einen Durchgang. Genereller gesagt, sind Durchgänge jene Aufgaben, die Versuchspersonen im Verlauf eines Experiments erledigen sollen. Ein Durchgang ist beendet, wenn Versuchspersonen die von ihnen geforderte Aufgabe erledigt haben, woraufhin ein neuer Durchgang folgt. Welche Aufgabe die Versuchspersonen erledigen sollen, hängt natürlich vom jeweiligen Experiment ab. Oft sollen Versuchspersonen eine manuelle Antwort geben, eine schnelle Augenbewegung auf einen Reiz hin oder von einem Reiz weg ausführen. Das bedeutet, dass es in einem Verhaltensexperiment pro Durchgang meist einen einzelnen Datenpunkt gibt. Verwendet man andere Methoden, wie etwa Elektroenzephalografie (EEG), werden Daten über die Hirnaktivität über einen gesamten Durchgang hinweg gesammelt. Das Prinzip bleibt aber auch bei der Verwendung eines EEGs gleich: Man vergleicht Datenpunkte zu einem bestimmten Zeitpunkt innerhalb eines Durchgangs unter verschiedenen Experimentalbedingungen.

Blöcke

Gleich wie Durchgänge eine Sammlung an Bildschirmen darstellen, sind Blöcke eine Sammlung von sukzessiven aufeinanderfolgenden Durchgängen. Werfen Sie wieder einen Blick in Abb. 2.1: In dieser Abbildung sind zwei Blöcke mit den Bezeichnungen „Block 1" und „Block 2" dargestellt. Natürlich wäre es auch möglich, die Übungsphase als „Übungsblock" zu bezeichnen, da Versuchspersonen auch in dieser Phase meist mehrere aufeinanderfolgende Durchgänge absolvieren und nicht lediglich einen. Es gibt jedoch verschiedene Möglichkeiten, experimentelle Bedingungen innerhalb eines Blockes zu präsentieren: gemischt oder rein (oft auch „geblockt" genannt) (siehe Abb. 2.2). Kurz gesagt: in *gemischten Blöcken* kommen alle Bedingungen, die Sie in Ihrem Experiment testen, randomisiert vor. Das bedeutet, innerhalb eines Blocks kann ein Durchgang aus der Bedingung

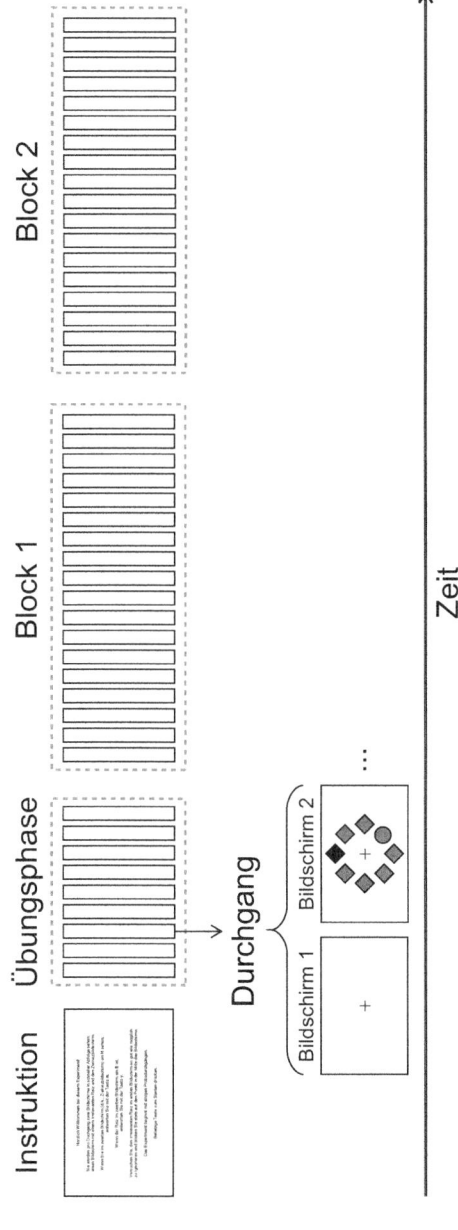

Abb. 2.1 Ein typischer Aufbau eines herkömmlichen Experiments: Nach der Instruktion für die Aufgabe erledigen die Versuchspersonen einige Durchgänge zur Übung (Übungsphase), woraufhin das Hauptexperiment mit der Datenerhebung beginnt. Dieses Hauptexperiment ist wiederum meist in mehrere Abschnitte (Block 1 & Block 2) unterteilt

A stammen und der nächste Durchgang zufällig aus Bedingung A oder Bedingung B. In *reinen Blöcken*, bzw. *geblockten Designs*, erledigen die Versuchspersonen über eine längere Zeit hinweg Durchgänge aus stets der gleichen experimentellen Bedingung. Für beide Arten von Blöcken kann es gute Gründe geben. Wollen Sie etwa Lerneffekte oder den Einfluss von Erwartungen und Vorbereitung über mehrere Durchgänge hinweg untersuchen, kann es sinnvoll sein, stets die gleiche Bedingung zu präsentieren. Wollen Sie aber Lerneffekte oder damit verwandte Alternativerklärungen möglichst ausschließen, dann sind gemischte Blöcke das Mittel der Wahl. Warum diese beiden Arten von Blöcken einen relevanten Einfluss auf die Studienergebnisse und deren Interpretation haben können, wird in Abschn. 2.6 noch zusätzlich näher beleuchtet.

> **Reines und gemischtes Design am Beispiel von Treisman und Gelade (1980)**
>
> Die Rolle der Aufmerksamkeit in der visuellen Suche ist eine traditionelle und seit Langem erforschte Forschungsfrage in der Kognitionspsychologie. Unter welchen Umständen können wir effizient relevante Zielreize von irrelevanten Distraktoren unterscheiden? Welche Suche ist schwieriger und welche ist leichter? Wann benötigen wir mehr oder weniger Aufmerksamkeit? Anne

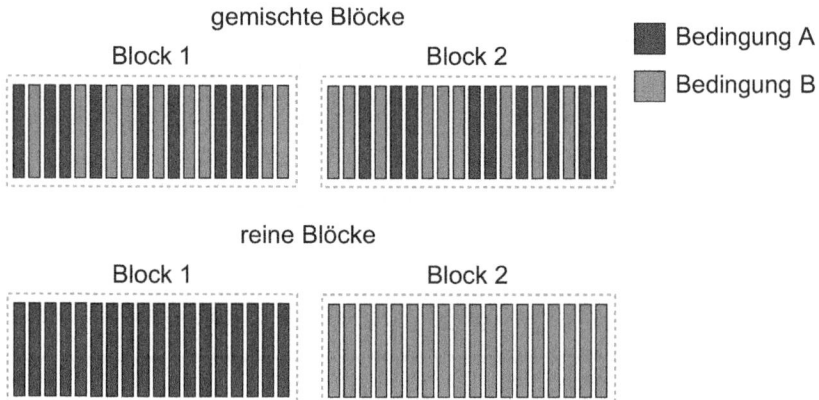

Abb. 2.2 In einem Experiment mit Messwiederholungen wird zumeist nicht nur eine Bedingung untersucht, sondern mehrere, die anschließend verglichen werden. Diese Bedingungen können entweder (pseudo-)randomisiert (gemischte Blöcke) oder in zwei verschiedenen Blöcken (reine Blöcke) dargeboten werden

2.1 Anatomie eines Experiments

Treisman und ihre Kolleginnen und Kollegen leisteten einen so großen Beitrag zur Beantwortung dieser Fragen, dass Treisman 2011 sogar von Präsident Obama mit der National Medal of Science ausgezeichnet wurde.

In ihrer *Feature-Integration Theory* stellten Treisman und Gelade (1980) ein Modell auf, das eine Erklärung für den Einfluss der Aufmerksamkeit unter schwierigen und einfachen Suchbedingungen erklären soll. Dazu ließen Treisman und Gelade ihre Versuchspersonen einfache und schwierige Suchaufgaben erledigen. Während des gesamten Experiments sollten die Versuchspersonen mittels Tastendruck angeben, ob sich ein Zielreiz im Suchbildschirm befindet oder nicht. In der *einfachen Suchbedingung* unterschied sich der Zielreiz stark von den Distraktoren (für eine sinngemäße Darstellung siehe Abbildung unten links). Genauer gesagt unterschied sich der Zielreiz in der einfachen Suchbedingung in einem Merkmal (z. B. Farbe) von den umgebenden Distraktoren.

In der schwierigen Suchbedingung unterschied sich der Zielreiz von den Distraktoren jedoch nicht nur in einer Farbe oder einer Form von den Distraktoren, sondern in einer Kombination dieser beiden Merkmale. Das bedeutet, dass eine Merkmalssuche nicht mehr ausreichte, um den Zielreiz aufzuspüren, sondern eine *Merkmalskombinationssuche* (kürzer: Konjunktionssuche) nötig war, um den Zielreiz zu identifizieren. Versuchspersonen erledigten abwechselnd mehrere schwierige und mehrere einfache Suchblöcke.

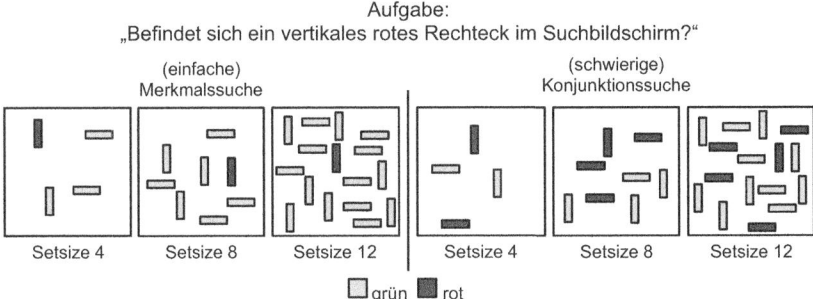

Nun gut, wir sehen, wie Treisman und Gelade (1980) den Faktor der Suchschwierigkeit geblockt manipulierten. Wie wiesen sie aber nach, ob die Versuchspersonen effizient nach dem Zielreiz suchten oder nicht? Hier kommt ein zweiter Faktor ins Spiel: die Anzahl der Elemente im Suchbildschirm (bzw. kürzer im Englischen: *setsize*). In der Abbildung sehen Sie, dass 4, 8 oder 12 Reize im Suchbildschirm sein konnten. Warum?

Nehmen wir an, wir können die Anwesenheit eines Zielreizes ohne Umschweife sofort erkennen, weil sich der Zielreiz so markant von seiner Umgebung abhebt. Wie wirkt sich Ihrer Meinung nach die Anzahl der Distraktoren im Suchbildschirm aus? Genau, so gut wie gar nicht. Wir können den Suchbildschirm schnell scannen, die visuellen Reize praktisch *parallel* verarbeiten und entsprechende Abweichungen effizient und schnell erkennen. Wenn die Zielreize und Distraktoren einander allerdings hinreichend ähnlich sind, dann genügt diese parallele Suche nicht mehr. Stattdessen müssen wir die einzelnen Reize *seriell* absuchen und nach jeder Selektion eines Reizes entscheiden, ob es sich dabei um den Zielreiz handelt oder nicht. Entsprechend länger dauert die Suche.

Diese Annahme klingt vernünftig, doch wollen wir sie mit Daten stützen. Genau hier kommt die Setsize-Manipulation ins Spiel: Wenn die Suche effizient und parallel vonstatten geht, sollte sich die Zeit, die man zur Identifikation des Zielreizes benötigt, zwischen den verschiedenen Setsize-Bedingungen nicht wesentlich unterscheiden. Anders verhält es sich bei einer ineffizienten und seriellen Suche. Unter diesen Suchbedingungen hat man mit mehr ähnlichen Distraktoren noch mehr Reize, die man absuchen und klassifizieren muss. Daraus folgt, dass die Suchzeit als eine Funktion der Anzahl der Elemente im Suchbildschirm ansteigen sollte. Um diese Hypothese untersuchen zu können, variierten Treisman und Gelade (1980) die Anzahl der Elemente im Suchbildschirm zufällig von Durchgang zu Durchgang. Die Setsize-Bedingung wurde also innerhalb der Blöcke (= Suchschwierigkeit) gemischt dargeboten. Stellt man die Reaktionszeiten der Versuchspersonen im Verhältnis zur Setsize als eine Suchfunktion dar, konnten Treisman und Gelade ganz genau das finden:

2.1 Anatomie eines Experiments

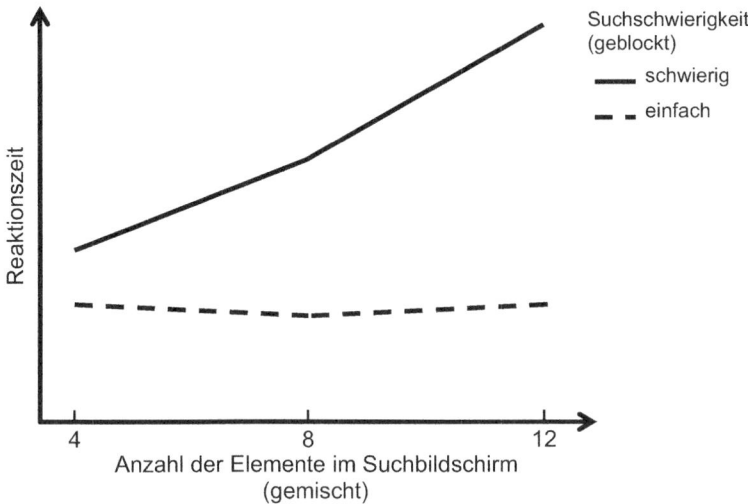

In ihrer *Feature-Integration Theory* argumentieren Treisman und Gelade (1980), dass man Unterschiede in einzelnen Merkmalsdimensionen bereits ohne Aufmerksamkeitszuwendung („prä-attentiv") identifizieren kann (ein hinreichend großer Merkmalskontrast vorausgesetzt, vgl. Duncan & Humphreys, 1989). Muss jedoch nach einer Kombination mehrerer Merkmale gesucht werden, benötigt es Aufmerksamkeit, um diese unterschiedlichen Merkmale zu kombinieren.

Wir kennen das auch aus dem realen Leben: Stellen Sie sich vor, sie fahren nachts mit dem Auto auf einer wenig befahrenen Landstraße. Sie passieren Bäume, Sträucher, Felder und plötzlich sehen sie etwas: einen gesperrten Bahnübergang. Für Sie ist es in einer solchen Situation vermutlich belanglos, wie viele Sträucher Sie neben der Straße sehen. Sofern die Sträucher oder Bäume die Ampel am Bahnübergang nicht verdecken, nehmen Sie dieses Warnsignal sofort wahr.

Fahren Sie mit Ihrem Auto jedoch in einer größeren Stadt (why? ... why???) und wollen herausfinden, ob sie Vorfahrt geben müssen, dann ist ein Vorfahrt-achten-Schild nicht auffällig genug, dass Sie sich locker zurücklehnen können und das Verkehrsschild schon Ihre Aufmerksamkeit einfängt. Stattdessen müssen Sie den Schilderwald gezielt und aufmerksam nach der Information absuchen, die für Sie relevant ist. Dreieckig sind nämlich mehrere Warnzeichen, ebenso wie rot. Sie müssen also gezielt nach einem auf dem Kopf stehenden, rot umrahmten Dreieck suchen. ◄

2.2 Max-Kon-Min Prinzip

Wir versuchen für gewöhnlich, in unseren Experimenten bestimmte Effekte nachzuweisen. Stellen wir uns ein Experiment daher kurz anhand eines sehr zeitgemäßen Beispiels vor: Wir möchten manuell zwischen Radiosendern wechseln (OK, Boomer...). Dabei ist die gewünschte Radiostation der Effekt, den wir erreichen wollen. Das Rauschen zwischen den einzelnen Stationen ist etwas, das wir minimieren wollen. Nur durch ein sensibles Herumdrehen des Knopfes können wir dabei unser gewünschtes Ergebnis erreichen: ein optimales Verhältnis des Signals (der Musik des Radiosenders) zum Hintergrundrauschen (in der englischsprachigen Literatur werden Sie hierzu oft „signal-to-noise ratio" lesen können). Um unsere grauen Zellen noch zusätzlich zu fordern, stellen wir uns vor, dass der gewünschte Radiosender in Wien eine Frequenz von 92 MHz hat und in Innsbruck 87,6 MHz. Wir müssen also (1) das Signal **max**imieren, (2) die für die Örtlichkeit korrekte Frequenz wählen, also für den Ort **kon**trollieren und (3) das Rauschen **min**imieren.

Was hat das jetzt mit der Experimentalpsychologie zu tun? Um einen spezifischen Effekt zu finden, sollten wir uns zunächst bewusst sein, was dieser Effekt denn an und für sich ist: das Variieren der abhängigen Variable in Abhängigkeit der jeweiligen Bedingung (der Experimental- oder Kontrollbedingung). Wir untersuchen also, ob die Varianz unserer Daten durch die von uns gewählten Bedingungen erklärt werden kann. Das klingt nun vielleicht weniger trivial, als es eigentlich ist. Die Varianz, die wir in den Daten beobachten (Gesamtvarianz) kann nämlich durch drei Quellen zustande kommen (siehe Abb. 2.3): der Primärvarianz, der Sekundärvarianz und des Zufallsfehlers (Kerlinger, 1973).

Primärvarianz

Unter der Primärvarianz versteht man den Anteil der systematischen Varianz der durch die systematische Variation der Experimentalbedingungen (UV) zustande kommt. In einem guten Experiment gilt es, diese Primärvarianz zu maximieren. Dies wird durch die Wahl von optimalen Faktoren und Faktorenstufen erreicht, die miteinander verglichen werden sollen. Ideal ist es hier, Extremstufen von Faktoren zu wählen, welche die Unterschiede zwischen den Bedingungen maximiert. Wenn Sie zum Beispiel demonstrieren wollen, dass kongruente Bedingungen in der Stroop-Aufgabe besonders hilfreich sind (beispielsweise das Wort „Rot" in roter Farbe), dann vergleichen Sie diese Bedingung für gewöhnlich

2.2 Max-Kon-Min Prinzip

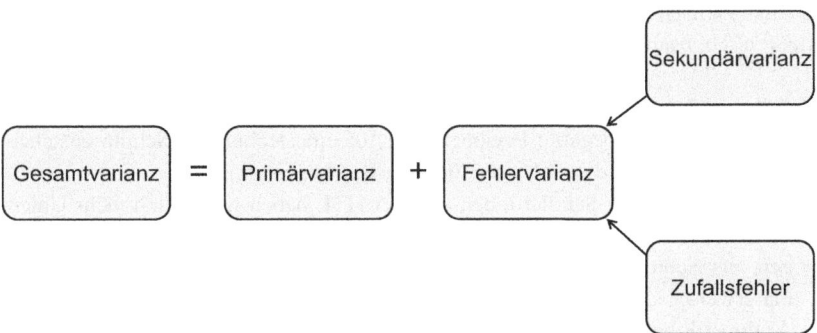

Abb. 2.3 Die Gesamtvarianz der abhängigen Variable in einem Experiment setzt sich aus der Primär- und Fehlervarianz zusammen. Die Fehlervarianz setzt sich ihrerseits wiederum aus der Sekundärvarianz und dem Zufallsfehler zusammen

nicht mit einer neutralen Bedingung (beispielsweise das Wort „Rindfleischetikettierungsüberwachungsaufgabenübertragungsgesetz" in roter Farbe), sondern mit einer inkongruenten Bedingung (bspw. das Wort „Blau" in roter Farbe). Zu Faktoren werden Sie im gleichnamigen Abschnitt noch Näheres lernen.

Sekundärvarianz

Unter der Sekundärvarianz versteht man den Anteil systematischer Varianz, der durch nicht berücksichtigte und unkontrollierte Faktoren zustande kommt. Die Sekundärvarianz kann die Interpretation der gefundenen Ergebnisse erschweren bzw. im schlimmsten Falle sogar verunmöglichen. Stellen Sie sich folgendes „Experiment" vor: Wir wollen Geschlechtsunterschiede in den arithmetischen Fähigkeiten in einem Computerexperiment überprüfen, in dem die Versuchspersonen randomisiert Additionen, Subtraktionen, Multiplikationen und Divisionen durchführen sollen. Dafür rekrutieren Sie junge Frauen aus einem humanistisch ausgerichteten Gymnasium und junge Männer aus einer Höheren Technischen Lehranstalt (HTL). Ihre Ergebnisse suggerieren große Unterschiede in den mathematischen Kompetenzen zwischen den Geschlechtern: Männer erreichten signifikant mehr Punkte als Frauen. Kann man die Ergebnisse jedoch dahingehend interpretieren, dass Männer generell besser in Mathematik sind als Frauen? Mitnichten!

Eine Vielzahl an nicht berücksichtigten Variablen könnten diese Unterschiede erklären. Hier nur zwei wahrscheinlich höchst relevante Konfundierungen:

1. *Selbstselektion:* Es ist anzunehmen, dass sich technisch und mathematisch interessierte und begabte Personen eher für eine technische Schule entscheiden als Personen, die sich eher für Sprachen begeistern.
2. *Unterrichtsfächer:* Schüler:innen an einer HTL haben wesentlich mehr Unterrichtseinheiten, die sich mit Mathematik und verwandten Fächern beschäftigen, als Schüler:innen an einem humanistischen Gymnasium. Das bedeutet klarerweise, dass Schüler:innen an der HTL wesentlich mehr Übung in Arithmetik haben als jene, die ein humanistisches Gymnasium besuchen.

Sie sehen, die Interpretation des eben beschriebenen (und erfundenen!) Ergebnisses ist, streng genommen, gar nicht möglich. Die gefundenen Unterschiede könnten genauso gut durch die Konfundierungen erklärt werden.

Kollinearität
Kollinearität beschreibt in der Statistik das Ausmaß eines Zusammenhanges zwischen zwei Variablen (spezifischer: UVs). Kollinearität sollte in Verfahren wie etwa einer Regressionsanalyse tunlichst vermieden werden. Die Problematik sollte durch das oben genannte Beispiel ersichtlich sein: Korrelieren zwei Prädiktoren (etwa das Geschlecht und die Anzahl an Mathematikstunden) zu hoch miteinander, dann ist eine getrennte Interpretation der einzelnen Prädiktorvariablen in einem Regressionsmodell nicht möglich.

Zufallsfehler

Den Zufallsfehler kann man mit dem Messfehler aus der klassischen Testtheorie vergleichen, und tatsächlich gibt es zwei hervorstechende Gemeinsamkeiten mit dem Messfehler der klassischen Testtheorie:

1. Der Erwartungswert, also jener Wert, den eine Variable im Mittel nach unendlich vielen Messwiederholungen annimmt, ist beim Messfehler 0. Ähnlich verhält es sich mit der Varianz. Wir werden die Sekundärvarianz realistisch gesehen wohl nie auf 0 bekommen, werfen Sie aber einen Blick auf die Berechnung der Varianz:

2.2 Max-Kon-Min Prinzip

$$var = \frac{\sum_{i=0}^{n}(x_i - \bar{x})}{n}$$

Anhand der Formel ist gut ersichtlich, dass die Größe der Varianz als eine Funktion der Stichprobengröße (n) abnimmt – je größer der Nenner wird, desto kleiner wird das Resultat (siehe Abb. 2.4).

2. Fast wichtiger als der erste Punkt: Der Zufallsfehler korreliert nicht mit dem gemessenen Effekt. Das bedeutet, dass der Zufallsfehler die Primärvarianz nicht systematisch beeinflusst, sondern lediglich Rauschen in den Daten ist, das es zu minimieren gilt, da eine Kontrolle des Zufalls ein gleichermaßen ermüdendes wie hoffnungsloses Unterfangen ist.

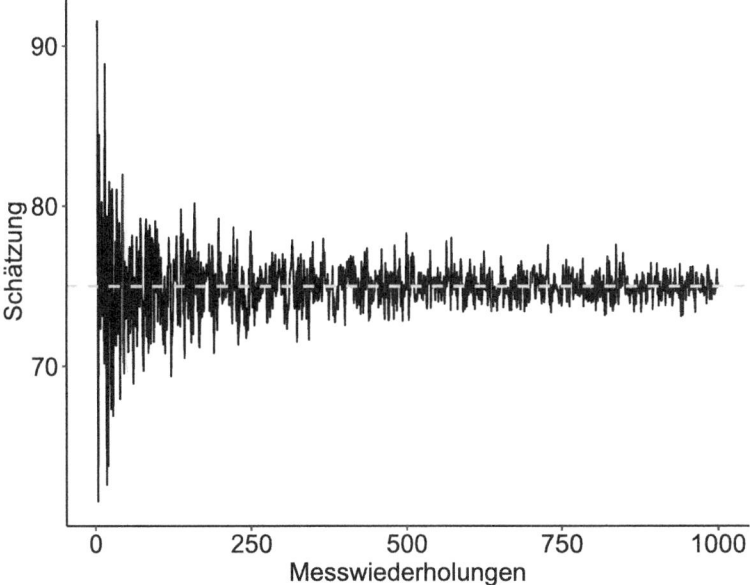

Abb. 2.4 Simulation zur Zunahme der Messgenauigkeit. Zwei bis 1000 Werte werden zufällig aus einer Normalverteilung (N[75; 25]) gezogen und gemittelt. Je mehr Werte gezogen werden, desto präziser wird die Schätzung des tatsächlichen Mittelwerts einer Variable (hier: die gestrichelte graue Linie)

2.3 Faktoren

Selbstverständlich hängt ein experimentelles Design von der exakten Fragestellung ab. Mithilfe eines Experiments lassen sich Wenn-dann-Vorhersagen, sprich: Hypothesen, testen. Stellen wir uns kurz folgende Forschungsfrage vor: Führen unbewusste Merkmalswiederholungen zu verbesserten Leistungen (z. B. zu einem schnelleren Erkennen/Klassifizieren desselben Merkmals zu einem späteren Zeitpunkt)? Lassen wir vorerst außer Acht, dass diese Forschungsfrage bereits seit Langem intensiv be- und erforscht wird (im supraliminalen Bereich z. B. Maljkovic & Nakayama, 1994), und überlegen wir uns ein angemessenes Design für diese Forschungsfrage: Wir wollen von unseren Versuchspersonen Urteile über einfache Reize erfragen. Beispielsweise könnten wir unseren Versuchspersonen Hunde- und Katzenbilder präsentieren und die Versuchsperson soll angeben, ob es sich bei dem gezeigten Vierbeiner um ein Exemplar der Gattung Canis oder Felis handelt (den zoologischen Hintergrund der Versuchspersonen sollte man in den Instruktionen selbstverständlich berücksichtigen). So weit, so einfach.

Wie aber kann man unbewusst einen mit den beiden Kategorien verwandten Reiz präsentieren? Eine Methode wäre es, kurz vor den Tierbildern für sehr kurze Zeit ausgeschriebene Tierlaute zu präsentieren und nachfolgend unmittelbar mit einem anderen Reiz zu überdecken (d. h. zu maskieren), damit sie von den Versuchspersonen nicht bewusst wahrgenommen werden könnten. Diese kurz davor präsentierten Reize nennen wir in weiterer Folge Primes (zu Deutsch manchmal Bahnungsreize genannt). Geeignete Primes wären zum Beispiel „Wuff" und „Miau".

Wenn wir nun die Primes und die Tierbilder zufällig zusammenwürfeln, sollten sich folgende Bedingungen gleich oft ergeben:

1. Prime: Wuff – Zielreiz: Hund
2. Prime: Miau – Zielreiz: Katze
3. Prime: Miau – Zielreiz: Hund
4. Prime: Wuff – Zielreiz: Katze

Wir haben nun zum einen kongruente Bedingungen (1. und 2.) und zum anderen inkongruente Bedingungen (3. und 4.). Wie Sie bereits gemerkt haben, stimmt die Spezies beider Reize (des Primes und des Zielreizes) in kongruenten Bedingungen überein, während sie in inkongruenten Bedingungen nicht übereinstimmt.

Unsere Hypothese ist nun wie folgt: Wenn Versuchspersonen die subliminal präsentierten Primes verarbeiten, dann sollten kongruente Durchgänge zu signifikant besseren Leistungen (d. h. schnelleren Antworten und weniger Fehlern) führen, als inkongruente.

Behaupten wir nun auch noch, dass es einen Unterschied zwischen Katzen und Hunden insofern gibt, als dass mögliche Kongruenzeffekte lediglich für eine Spezies vermutet werden. Wir haben also ein 2×2-faktorielles Experiment:

1. Faktor: Spezies des Zielreizes (Hund oder Katze)
2. Faktor: Prime (kongruent oder inkongruent)

In der eben verwendeten und konventionellen Schreibweise beschreibt das $\times$-Symbol, dass mehrere Faktoren miteinander kombiniert werden. Die exakte Zahl beschreibt die Anzahl der Faktorstufen. In unserem Beispiel haben wir zwei zweistufige Faktoren (Hund und Katze/kongruent und inkongruent). Wir könnten unser Experiment aber auch einfach in ein 3×2-Experiment verwandeln, in dem wir aus dem Faktor Spezies des Zielreizes einen dreistufigen Faktor machen (z. B. Hund, Katze oder Huhn). Die Anzahl der Faktorstufenkombinationen wird dabei stets gleich berechnet $\rightarrow$ wie es geschrieben steht.

Mit unseren zwei zweistufigen Faktoren hat unser Experiment 2 mal 2, also 4 mögliche Faktorstufen (Hund-kongruent, Hund-inkongruent, Katze-kongruent und Katze-inkongruent). Hätten wir ein $2 \times 2 \times 2 \times 3$-Experiment, hätte unser Experiment 24 Faktorstufenkombinationen.

2.4 Zwischen- & Innersubjektfaktoren

Zwischensubjektfaktoren

Wie Sie im letzten Abschnitt bemerkt haben, steigt die Anzahl der benötigten Durchgänge exponentiell mit den variierten Faktoren an. Selbst die freundlichste Versuchsperson wird allerdings nach etwa 3000 Versuchsdurchgängen ihre Kooperationswilligkeit verlieren. Eine Variante, dieses Problem zu umgehen, ist die Verwendung eines Faktors als Zwischensubjektfaktors (engl. between-subjects): Eine Gruppe von Versuchspersonen ist in der Bedingung A, während eine andere Gruppe in Bedingung B ist. Manchmal haben wir aber auch gar keine andere Wahl, als ein Between-Subjects-Design zu verwenden, da die Versuchspersonen bereits vor dem Experiment einer bestimmten Gruppe zugehören. Wollen wir zum Beispiel Leistungsunterschiede zwischen verschiedenen Berufsgruppen untersuchen, können wir Versuchspersonen nicht zufällig einem Beruf zuordnen. Ein Nachteil eines Between-Subjects-Designs ist aber, dass die Sekundärvarianz (systematische, aber unbedachte Varianz) nur durch eine wesentlich größere Stichprobe kontrolliert werden kann. Warum? Nun, wenn wir z. B. nur fünf Personen aus der Gruppe der Pflegeberufe mit wieder nur fünf Personen aus der Gruppe der Bürokräfte vergleichen, können sich die Personen zwischen den beiden Gruppen aus Gründen unterscheiden, die nicht zwangsläufig mit der eigentlichen Forschungsfrage zu tun haben. Je mehr Versuchspersonen sich jedoch in beiden Vergleichsgruppen befinden, desto höher ist die Wahrscheinlichkeit, dass sich diese Unterschiede zwischen den beiden Gruppen egalisieren.

Innersubjektfaktoren

Das Problem der unkontrollierten Sekundärvarianz ist bei Innersubjektfaktoren (engl. within-subjects) weniger gegeben. In einem reinen Within-Subject-Design durchläuft jede Versuchsperson alle in einem Experiment möglichen Faktorstufenkombinationen und dient daher beim Vergleich zwischen den Bedingungen gleichsam als eigene Vergleichsstichprobe. Um das zu verdeutlichen: Neigt eine Person generell zu schnelleren Reaktionen, dann können Differenzen zwischen zwei Experimentalbedingungen trotz der schnelleren Antworttendenz miteinander verglichen werden, da die Versuchsperson zwar im Schnitt schneller sein mag als andere Versuchspersonen, die Differenz zwischen den Bedingungen aber in etwa von der gleichen Größe sein kann.

Gemischte Designs

Die dritte Alternative, Faktoren in einem Experiment zu variieren, ist das sogenannte gemischte Design. Wie der Name schon anklingen lässt, ist das gemischte Design eine Kombination aus Inner- und Zwischensubjektfaktoren: Zum einen unterscheiden sich zwei oder mehrere Gruppen an Versuchspersonen in einer relevanten Variable, durchlaufen aber in einem Experiment dieselben experimentellen Manipulationen. Es gibt verschiedene Gründe, auf ein gemischtes Design zurückzugreifen. Ein Grund kann sein, dass es die Fragestellung kaum anders zulässt, als zumindest einen Faktor zwischen Versuchspersonen zu variieren. Stellen wir uns folgende Fragestellung vor: Sind Raucher:innen, die lange keine Zigarette mehr geraucht haben, anfälliger dafür, irrelevante Informationen zu verarbeiten als jene Raucher:innen, die ihre Sucht erst kürzlich befriedigen konnten? Sie

2.4 Zwischen- & Innersubjektfaktoren

wollen Ihre Forschungsfrage mit der klassischen Stroop-Aufgabe beantworten, die wir in Abschn. 2.2.1 bereits kurz erwähnt haben. Zur Wiederholung: In der Stroop-Aufgabe sollen Versuchspersonen die Farbe, in der Farbwörter gedruckt sind, benennen. Die Bedeutung der Wörter ist an sich für die Aufgabe vollkommen irrelevant, da nur die Druckfarbe des Wortes benannt werden soll und die Wörter nur zufällig die gleiche Farbe angeben, in der sie gedruckt sind. Der herkömmliche Fund in der Stroop-Aufgabe ist, dass Versuchspersonen die Farbe, in der ein Wort gedruckt ist, schneller benennen können, wenn das Wort mit der Druckfarbe übereinstimmt (Stroop, 1935).

Nun haben Sie zwei Varianten, die Untersuchung anzustellen. Zum einen können Sie eine Hälfte Ihrer rauchenden Versuchspersonen vor dem ersten Block eine Zigarette rauchen lassen, nach diesem Block eine längere Pause ansetzen und die mittlerweile schon zitternden Versuchspersonen zu einem späteren Zeitpunkt den zweiten Block mitten im Nikotinentzug erledigen lassen. Würden Sie nur diese Versuchspersonen auswerten, könnten Sie zu dem Befund kommen, dass Entzugserscheinungen zu kleineren Stroop-Effekten führen. Alternativ könnten Sie aber einfach einen Übungseffekt gefunden haben, da die Versuchspersonen im zweiten Block schlicht schon vertrauter mit der Aufgabe waren. Darum wäre es möglich, eine gleiche Anzahl an Versuchspersonen zu bitten, vor dem Experiment mindestens drei Stunden keine Zigarette zu rauchen, um sie dann nach dem ersten Block von ihrem gesundheitsförderndem Leid zu erlösen, ihnen eine Zigarette erlauben und danach den zweiten Block erledigen lassen. Dabei handelt es sich bereits um ein gemischtes Design: Wenn Sie kontrollieren wollen, ob die Reihenfolge der Bedingungen (Nikotin vor dem ersten Block vs. Nikotin vor dem zweiten Block) die Ergebnisse signifikant beeinflusst, dann ist die *Blockreihenfolge* ein Zwischensubjektfaktor und die *Kongruenz zwischen Druckfarbe und Farbwort* (kongruent vs. inkongruent) ein Innersubjektfaktor.

Alternativ könnten Sie sich auch aus zeitlichen Gründen für ein gemischtes Design entscheiden. Sollte ein Experiment zu lange werden, ist es auch möglich, zumindest einen Faktor als Zwischensubjektfaktor zu realisieren. Um bei unserem vorherigen Beispiel zu bleiben: Wenn Ihre Versuchspersonen drei Stunden zwischen den Blöcken warten müssten, damit sich die Entzugserscheinungen in ihrer vollen Pracht entfalten können, wäre eine zeitlich schonendere Alternative, eine Gruppe vor der Stroop-Aufgabe rauchen zu lassen und die zweite Gruppe schlicht zu bitten, mindestens drei Stunden vor dem Experiment keine Zigarette mehr zu rauchen. Der Zwischensubjektfaktor wäre somit *Rauchen vor dem Experiment* (ja vs. nein), während der zweite Faktor (*Kongruenz zwischen Druckfarbe und Farbwort*: kongruent vs. inkongruent) weiterhin einen Innersubjektfaktor darstellt.

2.5 Messwiederholungen

Sollten Sie schon einmal das Vergnügen gehabt haben, an einem (verhaltens-) psychologischen Experiment teilzunehmen, werden Sie festgestellt haben, dass Sie in einem 2×2-faktoriellen Design nicht einfach 4 oder in einem $2 \times 2 \times 2 \times 3$-faktoriellen Design nur 24 Durchgänge absolvieren. Im Gegenteil: Viele Experimente scheinen eher die Relativitätstheorie überprüfen zu wollen und eruieren, wie viel subjektiv empfundene Zeit in eine halbe oder volle Stunde passt. Sind wir Experimentalpsychologinnen und -psychologen Sadisten, die aus reinem Glück die Gefängnismauern von außen betrachten? Die Antwort auf diese Frage ist ein klares „ja", aber das hat mit der Länge von Experimenten nur bedingt etwas zu tun.

Wir kennen den Grund für die Notwendigkeit von Messwiederholungen schon aus dem Abschnitt zum Zufallsfehler. Nehmen wir dazu noch ein Beispiel: Werfen Sie einen Blick auf das linke Bild in Abb. 2.5 und stellen Sie sich folgende Fragestellung vor, die sie beantworten sollen: Befindet sich in diesem Bild ein Tier und ist dieses Tier ein Hund oder eine Katze? Übersetzt in die Experimentalpsychologie fragen wir uns also: Gibt es ein Signal bzw. einen Effekt? Und wenn es einen Effekt gibt: Wie sieht dieser Effekt genau aus? Wenn nur wenige Pixel/Messungen einen großen Bereich eines Bildes repräsentieren, fällt es uns sehr schwer, uns auf Basis des sehr unscharfen Bildes ein zuverlässiges Urteil zu bilden. Nach rechts wandernd stellen wir aber fest, dass mehr Messungen der Farbwerte in immer kleineren Regionen die Zuverlässigkeit unseres Urteils erhöhen. (Das ist übrigens auch eine nette Gelegenheit, kurz die Messgenauigkeit des amerikanischen Wahlmännersystems zu reflektieren.)

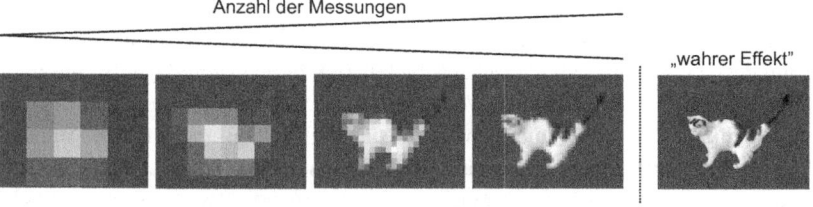

Abb. 2.5 Mehr Pixel ergeben ein klareres Bild. Vergleichbar verhält es sich auch mit der Anzahl an Messwiederholungen in (psychologischen) Experimenten: Je mehr Datenpunkte wir sammeln, desto näher kommen wir der wahren Gestalt eines Effektes. Ich danke meiner Katze für die (sehr kurze und widerwillige) Kooperation für diese Abbildung.

2.5 Messwiederholungen

Derselben Logik folgen wir in psychologischen Experimenten: Würden wir alle Menschen auf der Welt unzählige Male testen können, könnten wir mit beinahe absoluter Sicherheit sagen, ob es diesen oder jenen Effekt gibt und wie dieser Effekt exakt aussieht. De facto können wir für jedes unserer Experimente aber nur eine begrenzte Anzahl an Versuchspersonen testen. Auch wenn die Anzahl der Versuchspersonen nicht das einzige Kriterium für zuverlässige Messungen ist (eine eigentlich unkontroversielle Aussage, die bei manchen dennoch zu Schnappatmung führt), sollte man über eine ausreichend große Stichprobe verfügen. Für Experimente mit Zwischensubjektfaktoren gibt es online bereits eine Vielzahl an Rechnern, die uns Auskunft über die optimale Stichprobengröße geben („Power"). In Experimenten, die rein aus Innersubjektfaktoren bestehen, ist die Ermittlung der optimalen Stichprobengröße allerdings alles andere als trivial – und je nach Perspektive auch nicht sonderlich sinnvoll (vgl. Smith & Little, 2018; siehe auch Exkurs zu *Versuchspersonenanzahl und Messwiederholungen*).

Fast wesentlicher für die zuverlässige Messung eines Effekts in einem Experiment mit Innersubjektfaktoren ist die Anzahl an Messwiederholungen. Jeder einzelne Tastendruck als Reaktion auf eine experimentelle Bedingung ist schlussendlich das Ergebnis vieler nicht kontrollierbarer Prozesse. Vielleicht war die Versuchsperson gerade abgelenkt, müde, mit den Gedanken woanders und, und, und. Alle diese Umstände können die Messung ungenauer machen. Dieser Einfluss unkontrollierbarer Prozesse wird oft als Rauschen bezeichnet, während die Variation in den Daten, die durch einen tatsächlichen Effekt zustande kommt, als Signal bezeichnet wird. Der Effekt nimmt systematisch Einfluss auf die Daten, während andere Prozesse, wie etwa Blinzeln, Gähnen oder Sonstiges, unsystematisch auf die Daten einwirken. Das Ziel der Messwiederholungen ist daher, durch mehrere Messungen das Rauschen in den Daten herauszumitteln und das Signal besser vom Rauschen abzugrenzen.

Anders als in Abb. 2.4 messen wir jedoch denselben Effekt nicht bis zu tausendmal innerhalb eines Experiments. Als eine Faustregel werden für gewöhnlich **mindestens** 25 bis 50 Messwiederholungen für Verhaltensexperimente geplant. Das bedeutet, dass jede einzelne Faktorstufenkombination mindestens 25-mal gemessen werden soll. Unser Hund-Katz-Experiment müsste daher aus mindestens 100 Durchgängen bestehen (4*25), während ein hypothetisches $2 \times 2 \times 3$-faktorielles Experiment aus mindestens 600 (24*25) Durchgängen bestehen müsste.

Zu beachten ist, dass wir hier stets von komplett ausbalancierten Designs sprechen, in denen jede Bedingung gleich oft vorkommt. Möchten wir in unserem Hund-Katz-Experiment noch eine Wahrscheinlichkeitsmanipulation, sodass etwa die Wahrscheinlichkeit für einen Hund als Zielreiz doppelt so hoch ist wie für eine

Katze als Zielreiz, dann müsste die Katze 50-mal (25*kongruent + 25*inkongruent) gemessen werden, während der Hund 100-mal getestet werden müsste (50*kongruent + 50*inkongruent).

Messwiederholungen mit anderen experimentellen Methoden
Die Faustregel von 25–50Messwiederholungen ist vorrangig in Verhaltensexperimenten gültig. Bei anderen Methoden, wie beispielsweise der Elektroenzephalographie (EEG), sind andere Tatsachen zu berücksichtigen: die neuronale Aktivität einiger weniger Neuronen von Interesse kann durch die Aktivität von umliegenden Neuronen überlagert werden. Die Effekte, die man beispielsweise mittels ereigniskorrelierten Potenzialen (ERPs) messen möchte, sind oft im μV (Mikrovolt) Bereich, weshalb unsystematische Einflüsse besonders gründlich eliminiert werden müssen. Anders ausgedrückt: Ein relativ schwaches Signal soll unter einer großen Menge an Rauschen gefunden werden. Daher werden in EEG/ERP-Experimenten oft um die 100 Messwiederholungen pro Bedingung angestrebt.

Versuchspersonenanzahl und Messwiederholungen

Kaum ein Effekt ist in der visuellen Aufmerksamkeitsforschung empirisch durch Replikationen so stark abgesichert, wie *Intertrial Priming*. Intertrial Priming bezeichnet (perzeptuelle) Bahnungseffekte, die von einem Durchgang in den nächsten stattfinden. Erstmals wurde dieser Effekt von Maljkovic und Nakayama (1994) beschrieben. Sie baten ihre Versuchspersonen, nach einem Zielreiz zu suchen, der sich in seiner Farbe von den Distraktoren unterschied. Ein Suchbildschirm konnte bei Maljkovic und Nakayama aus einem roten Zielreiz und zwei grünen Distraktoren bestehen oder aber auch aus einem grünen Zielreiz und zwei roten Distraktoren. Welche Farbe der Zielreiz und die Distraktoren in einem jeweiligen Durchgang genau hatten, konnte von Durchgang zu Durchgang wechseln und war für die Aufgabe völlig irrelevant. Der einzige relevante Umstand war, dass sich der Zielreiz in seiner Farbe von allen anderen Reizen unterschied.

Dadurch, dass sich die Zielreiz- und Distraktorfarben zufällig von Durchgang zu Durchgang ändern konnten, gab es geprimte Durchgänge (d. h. Durchgänge, in denen die Zielreiz- und Distraktorfarben zwischen zwei Durchgängen identisch blieben) und ungeprimte Durchgänge (d. h. Durchgänge, in denen die vorherige Zielreizfarbe nun die Distraktorfarbe und die frühere Distraktorfarbe nun die Zielreizfarbe war). Vielleicht nehmen Sie in weiser Voraussicht bereits das Ergebnis vorweg: Selbst wenn die exakte Zielreizfarbe per se nicht relevant für die Aufgabe war, waren die Versuchspersonen in jenen Durchgängen signifikant schneller, in denen sich die

2.5 Messwiederholungen

Zielreizfarbe wiederholte, und langsamer, wenn sich die Zielreizfarbe zwischen zwei Durchgängen änderte. Das ist der sogenannte *Intertrial Priming Effekt*.

Das ist jetzt natürlich erstmal eine schöne Anekdote und der absolute Burner beim ersten Date – glaube ich, ich habe immer noch keine Feedbackkarten zurückgeschickt bekommen. Aber wozu dieser Exkurs? So spannend und robust der Effekt des Intertrial Primings auch ist, so unvorstellbar mag für manche die Stichprobe sein, die Maljkovic und Nakayama (1994) verwendeten: In den neun berichteten Experimenten nahmen jeweils zwei bis drei Versuchspersonen teil. Damit aber noch nicht genug: Vera Maljkovic und Ken Nakayama waren auch selbst in mehr als der Hälfte der Experimente Versuchspersonen. Bedeutet das, wir können den Daten aus den Experimenten nun nicht mehr glauben? Waren die ganzen Replikationen reine Glückssache oder sind Maljkovic und Nakayama schlicht so repräsentative Versuchspersonen?

Die Antwort auf diese Fragen ist vielfältig. Zunächst einmal werden massiv große Effekte auch schon bei weniger Versuchspersonen die statistische Signifikanz erreichen – auch wenn Maljkovic und Nakayama (1994) ihre Daten deskriptivstatistisch und nicht inferenzstatistisch präsentierten. Zusätzlich kommt die Güte von Daten nicht nur daher, wie viele Versuchspersonen getestet werden, sondern wie viele Messungen die einzelnen Versuchspersonen durchlaufen. Wie sah das bei Maljkovic und Nakayama aus? Ihre Versuchspersonen/sie durchliefen bis zu 2500 Messungen pro Experiment und lieferten somit sehr genaue Schätzungen. Zudem waren die Ergebnisse der Versuchspersonen sehr (!) ähnlich zueinander. Smith und Little (2018) argumentieren deshalb, dass man in gewissen Fragestellungen der Experimentalpsychologie eher präzise Messungen anstreben sollte, anstatt zig Versuchspersonen zu erheben. Werden die Versuchspersonen präzise gemessen, könnte man sie nämlich weniger als einzelne Datenpunkte in einer Varianzanalyse betrachten, sondern als „Replikationseinheiten": Haben mehrere, penibelst genau gemessene Versuchspersonen dieselben Ergebnisse, dann haben wir einen Effekt in mehreren Versuchspersonen repliziert.

Ob Sie diese Sichtweise für gut befinden oder nicht, kann ich Ihnen natürlich nicht vorschreiben. Es ist jedoch wichtig, sich in Zeiten der Replikationskrise, die seit etwa 2015 in der Psychologie bekannt ist (Open Science Collaboration, 2015), darüber Gedanken zu machen, was Merkmale guter Forschung sind. Heute wird oft der Fokus auf ausreichend große Stichproben gelegt, die bei tatsächlich existierenden Effekten zu statistisch signifikanten Ergebnissen führen sollen (~ Power). Greift diese Sichtweise aber nicht etwas zu kurz? Drücken wir es etwas drastisch aus: Sind die Daten von

500 Versuchspersonen, die jeweils nur zweimal gemessen wurden, wirklich zuverlässiger als die Daten von 2 Versuchspersonen, von die jeweils 500-mal gemessen wurden? ◄

2.6 Randomisierung und Balancierung

Die Randomisierung und Balancierung sind zwei sehr mächtige Kontrolltechniken die uns die Kontrolle der Sekundärvarianz erlauben. Zur Erinnerung: Die Sekundärvarianz ist jene Varianz in den Daten, die durch systematische Einflüsse verursacht werden, die jedoch nichts mit der Fragestellung zu tun haben. Stellen wir uns eine fiktive Forschungsfrage vor: Wir wollen herausfinden, wie schnell Versuchspersonen auf emotionale Wörter („fröhlich" vs. „traurig") reagieren, wenn sie in einem Gesicht eingebettet sind, die ebenfalls entweder fröhlich oder traurig sind (siehe etwa Kar et al., 2017). Wir haben also ein 2 × 2-Design mit den Faktoren Zielwort („fröhlich" vs. „traurig") und Gesicht (fröhlich oder traurig). Wir könnten diese Faktorstufenkombinationen jetzt auf viele unterschiedliche Arten präsentieren, zum Beispiel:

1. Im ersten Abschnittes des Experiments werden die randomisierten Zielwörter (also zufällig „fröhlich" oder „traurig") stets in einem traurigen Gesicht präsentiert, während sie im zweiten Abschnitt des Experiments stets in einem fröhlichen Gesicht gezeigt werden.
2. Die Emotion des Gesichtes, in dem die Zielwörter präsentiert werden, wird randomisiert, also zufällig variiert. In der ersten Hälfte der Durchgänge wird stets das Zielwort „fröhlich", während in der zweiten Hälfte der Durchgänge durchgehend das Zielwort „traurig" präsentiert wird.
3. Sowohl das Zielwort als auch die Emotion des Gesichtes werden in jedem Durchgang zufällig gezogen.

Für alle oben genannten Möglichkeiten könnte es valide Gründe geben. Haben Sie etwa den Verdacht, dass sich die Wirkung der Emotion des Hintergrundgesichtes erst langsam und über mehrere Durchgänge aufbaut, dann macht es Sinn, über mehrere Durchgänge hinweg die gleiche Emotion zu zeigen. Gleiches gilt für die zweite oben genannte Variante: Wollen Sie demonstrieren, dass Motorpriming unabhängig von Distraktoreigenschaften (Emotion des Gesichtes) ist, dann würden Sie eine Zeit lang stets nur eines der beiden Zielwörter präsentieren.

2.6 Randomisierung und Balancierung

Stellen wir uns nun folgenden experimentellen Ablauf vor: Sie begrüßen Ihre Versuchspersonen und erklären ihnen die Aufgabe. Danach erledigen die Versuchspersonen für 10 min nur Durchgänge, in denen die Zielwörter in einem fröhlichen Gesicht eingebettet sind, und danach für 10 min nur Durchgänge, in denen die Zielwörter in einem traurigen Gesicht eingebettet sind. Sie testen nach diesem Schema 20 Versuchspersonen und werfen – panisch und voller Erwartungen – einen Blick in die Daten. Und da schau her, Versuchspersonen antworten generell signifikant schneller, wenn das Zielwort im traurigen Gesicht eingebettet ist. Fantastisch, yolo, dab ...

Ihre Ergebnisse sind tatsächlich spannend. Ignorieren wir einmal, dass Kar et al. (2017) eine Erklärung dafür vorgeschlagen haben, und lassen Sie einmal Ihre Ergebnisse in *Nature* einreichen. Um meine Geschichte weiterspinnen zu können, nehmen wir zudem einmal an, dass die Arbeit den Schreibtisch des Editors bzw. der Editorin überlebt und an Reviewer:innen zur Begutachtung geschickt wird. Nach zwei Monaten erhalten Sie Rückmeldung von den Gutachterinnen und Gutachtern und nach anfänglicher Trunkenheit vor lauter Erfolg und Hoffnung bleibt Ihnen Ihr Lachen im Halse stecken. Was ist passiert?

Reviewer:in 1 findet alles schön und super und turbotoll. Reviewer:in 2 bekrittelt einiges, hält die Problemchen aber für lösbar. Reviewer:in 3 (es ist gefühlt immer die Nummer 3) stellt Sie jedoch vor ein unlösbares Problem: Wenn alle Versuchspersonen im ersten Block ein fröhliches Gesicht im Hintergrund sahen und im zweiten Block ein trauriges Gesicht, woher wissen Sie dann, dass die schnelleren Reaktionszeiten im zweiten Block auf den Einfluss der Emotion des Gesichtes zurückgehen, und nicht bloß darauf, dass die Versuchspersonen zuvor einen ganzen Block Zeit hatten, die Aufgabe zu üben und deshalb naturgemäß schneller wurden? So ungerne wir es zugeben, Reviewer:in 3 spricht damit einen wichtigen Punkt an. Übungseffekte *müssen* nicht immer auftreten (vgl. Experiment 1B in Theeuwes, 1992), aber *können*! Durch unser Design, die Emotionen des Gesichtes im Hintergrund geblockt darzubieten und noch dazu die Blockreihenfolge nicht zu variieren, sind der Grad an Übung und die Emotion des Gesichtes konfundiert, d. h., es ist nicht mehr möglich, die Quelle des Effektes klar zu bestimmen, weil zwei Faktoren stets zusammen auftreten (in unserem Beispiel: *Grad an Übung* und *Emotion des Gesichtes*).

Reviewer:in 3 ist im Gegensatz zu uns aber noch nicht fertig. Er fragt, wie wir denn sicher sein könnten, dass das fröhliche Gesicht im ersten Block die Versuchspersonen nicht so angesteckt hat, dass die miesepetrigen Gesichter im zweiten Block umso auffallender waren. Reviewer:in 3 spricht hier einen wesentlichen Punkt an, der durchaus oft vorkommt und teils schwerwiegende Folgen haben kann: den **Carry-Over-Effekt**. Der Carry-Over-Effekt bezeichnet den Einfluss, den eine vorherige experimentelle Manipulation auf das Verhalten der Versuchsperson im darauffolgenden Block haben kann.

Der Einfluss der Blockreihenfolge auf Suchstrategien

Ein besonders eindrückliches Beispiel für einen solchen Carry-Over-Effekt in der visuellen Aufmerksamkeitsforschung konnten Leber und Egeth (2006) demonstrieren. Sie teilten Ihre Versuchspersonen in zwei Trainingsbedingungen ein: Eine Gruppe sollte in einem Suchbildschirm lediglich nach einer einzigartigen Form suchen (etwa ein grünes Quadrat unter grünen Kreisen), während eine andere Gruppe nach einer ganz spezifischen Form suchen musste (etwa ein grünes Quadrat unter grünen Kreisen, Dreiecken und anderen Polygonen). In dieser zweiten Bedingung reichte es also nicht mehr, nur nach der besonderen, einzigartigen Form zu suchen, wie es etwa in der ersten Bedingung der Fall war (engl. *singleton detection mode*), sondern die Versuchspersonen mussten nach der ganz spezifischen Form suchen, da die Distraktoren nicht mehr homogen geformt waren *(feature search mode)*. In beiden Bedingungen tauchte in der Hälfte der Durchgänge ein roter Distraktor auf, der die Aufmerksamkeit ablenken kann (vgl. Additional Singleton Paradigma in Kap. 7). Es ist bereits seit Bacon und Egeth (1994) bekannt, dass dieser rote Distraktor die Aufmerksamkeit nur anzieht, wenn Versuchspersonen im Singleton Detection Mode suchen, nicht aber, wenn sie im Feature Search Mode suchen.

In einem zweiten Abschnitt ließen Leber und Egeth (2006) ihre Versuchspersonen dann nochmals nach einer einzigartigen Form suchen, die unter homogenen Distraktoren eingebettet war, unabhängig davon, ob die Versuchspersonen davor in der Singleton Detection Mode oder Feature Search Mode ihr Training absolvierten. Wie immer konnte in der Hälfte der Durchgänge ein irrelevanter Farbdistraktor auftauchen, der für die Aufgabe völlig irrelevant war. Interessanterweise zeigte sich jetzt, dass dieser Farbdistraktor nur bei jenen Versuchspersonen die Aufmerksamkeit anzog, die in der Trainingsphase die Singleton Detection geübt haben, nicht aber bei jenen, die zuvor die Feature Search Bedingung absolvierten. Dieser Carry-Over-Effekt zeigt eindrücklich, dass Vorerfahrung und Übung selbst solche Effekte beeinflussen können, die gemeinhin als automatisch gelten.◄

2.6 Randomisierung und Balancierung

Wie könnten wir Reviewer:in 3 in einem Nachfolgeexperiment von unseren Ergebnissen überzeugen? Prinzipiell hätten wir hier zwei Möglichkeiten zur Auswahl:

1. Wir balancieren die Blockreihenfolge über die Versuchspersonen hinweg.
2. Wir randomisieren die Durchgänge vollständig, sodass jede Faktorstufenkombination in jedem Durchgang gleich wahrscheinlich ist.

In der ersten Variante führen wir eine neue Variable in unser Experiment ein, die für uns zwar inhaltlich nicht relevant ist, uns aber erlaubt, mögliche Einflüsse der Blockreihenfolge aufzudecken. Wir variieren zufällig, welche Versuchsperson welche Blockreihenfolge erledigt (entweder fröhlich/traurig oder traurig/fröhlich; siehe Infobox für Vorschläge). Nach der Datenerhebung können wir also die Blockreihenfolge als einen Zwischensubjektfaktor in unsere Analyse einfließen lassen, um so etwaige Effekte dieser Variable zu finden. Dieses Vorgehen verlangt natürlich auch nach ausreichend großen Stichproben in beiden Gruppen, um Unterschiede zwischen den Blockreihenfolgen zuverlässig aufspüren zu können – sofern es welche gibt.

Die wohl einfachste Variante für unser Problem wäre aber wohl, die Faktorstufenkombinationen komplett randomisiert zu präsentieren. Jede Versuchsperson hat so eine andere Abfolge an Durchgängen und mögliche Einflüsse von Reihenfolge-Effekten mitteln sich auf diese Art und Weise innerhalb einer Versuchsperson und zwischen den Versuchspersonen über eine ausreichend große Anzahl an Durchgängen heraus (z. B. 25 Durchgänge pro Faktorstufenkombination).

Randomisierung vs. Balancierung
Der Zufall ist – per Definition – unserer Kontrolle entzogen. Auch wenn die Wahrscheinlichkeit sehr gering ist, könnten wir beispielsweise bei einem Münzwurf fünf- oder zehnmal hintereinander „Zahl" werfen. Nur eine ausreichend große Ziehung zufälliger Werte nähert sich daher dem Erwartungswert (beim Münzwurf: 50 %) an (vgl. Gesetz der großen Zahlen). Sollen Versuchspersonen also zwei Bedingungen durchlaufen, kann es sein, dass bei einer rein zufälligen Wahl der Reihenfolge der Bedingung 8 von 10 Versuchspersonen die Bedingung A vor der Bedingung B erledigen müssen.

Eine Alternative zur Randomisierung stellt daher die Balancierung dar: Versuchspersonen werden anhand eines unwillkürlichen Merkmals der einen oder anderen Blockreihenfolge zugewiesen. Wichtig ist dabei, dass das entscheidende unwillkürliche Merkmal in keiner Weise mit dem untersuchten Effekt korreliert. Ein mögliches Merkmal, das oft zur Wahl der Blockreihenfolge verwendet wird, ist die Versuchspersonenzahl (gerade oder ungerade).

> **Lernziele**
>
> Denken Sie an die zweite anfangs geschilderte Möglichkeit, unser fiktives Experiment durchzuführen: „Die Emotion des Gesichtes, in dem die Zielwörter präsentiert wird, wird randomisiert, also zufällig variiert. In der ersten Hälfte der Durchgänge wird stets das Zielwort ‚fröhlich', während in der zweiten Hälfte der Durchgänge durchgehend das Zielwort ‚traurig' präsentiert wird."
>
> Zu welchen Problemen könnte es hier kommen und wie könnte man diese Probleme umgehen?

Einführung in OpenSesame 3

3.1 Überblick über dieses Kapitel

In diesem und den folgenden Kapiteln wird ein Überblick über den Hintergrund und die Anwendung von OpenSesame gegeben. Nach einem Überblick, was OpenSesame ist und wofür OpenSesame gut geeignet ist, werden zwei exemplarische Experimente erstellt, die die grundlegendsten Eigenschaften von OpenSesame demonstrieren.

Nach diesem und den folgenden Kapiteln sollte Ihnen das eigenständige Erstellen simpler Experimente möglich sein sowie ein Ausgangspunkt für mögliche künftige Experimente gelegt sein. Es ist jedoch wie bei ziemlich jeder anderen Sache auch klar: Eine Einführung kann immer nur eine Einführung sein. Für weitergehende Projekte muss man sich auf einen Prozess von *Trial and Error* einlassen. Das mag zwar anstrengend sein, bietet jedoch wesentlich mehr Lernpotenzial als ein bloßes Befolgen von Tutorials.

3.2 Was ist OpenSesame?

OpenSesame ist eine auf der Programmiersprache Python basierende Open Source Software zur Erstellung psychologischer oder sozialwissenschaftlicher Experimente und wurde 2012 von Sebastiaan Mathôt veröffentlicht (Mathôt et al., 2012). Open Source bedeutet, dass die Software gratis ist (Open Access) und dass der Quellcode des Programms offen einsehbar und modifizierbar ist. Wie auf der Homepage der Entwickler (osdoc.cogsci.nl/) angegeben, sind weitere besondere Merkmale von OpenSesame:

1. **Die benutzerfreundliche Oberfläche:** Der wohl größte Vorteil von OpenSesame ist die grafische Nutzeroberfläche (engl. graphical user interface/GUI). Bis vor nicht allzu langer Zeit mussten Forscher:innen auch im Programmieren relativ trittsicher sein, wenn sie Experimente am PC durchführen wollten. Alles, was der Computer machen und anzeigen soll, muss(te) in einem Skript schriftlich definiert werden. Auch heute bevorzugen noch einige dieses skriptbasierte Vorgehen (bspw. mit Matlab, Python oder C; siehe Abb. 3.1). Der Vorteil an einem skript-basierten Vorgehen ist die maximale Flexibilität: Ein Experiment kann beinahe so komplex sein, wie es die Programmierfähigkeiten des Forschers bzw. der Forscherin zulassen. Der Nachteil ist jedoch, dass die Lernkurve beim Programmieren mitunter sehr steil ist, was durch die Tatsache, dass das Programmieren im Psychologiestudium gewöhnlich kein Lerninhalt ist, zusätzlich erschwert wird. Simple Programme mit einer graphischen Nutzeroberfläche sind generell sehr viel leichter zu erlernen und bieten so einen schnellen Einstieg in die empirisch-experimentelle Forschung. Natürlich liegt auch GUI-basierten Programmen ein Code zugrunde. Mit diesem sind Nutzer:innen jedoch meist nicht direkt konfrontiert. Anweisungen, dass beispielsweise ein neuer Bildschirm präsentiert werden soll, funktionieren meist mit Drag-and-Drop vonseiten des oder der Bedienenden und das Programm fügt dann selbstständig einen für den PC interpretierbaren Code an die entsprechende Stelle (siehe Abb. 3.2). Grundsätzlich kann man sich ein GUI-basiertes Programm also als eine Sammlung visualisierter Code-Schnipsel vorstellen. Da zu viele Optionen die Übersichtlichkeit des Programmes einschränken könnten, ist die Anzahl der Möglichkeiten in einem GUI-basierten Programm, z. B. Reize darzustellen, beschränkt. Deshalb ist ein GUI-basiertes Programm auch relativ unflexibel im Vergleich zu skript-basierten Experimentalsoftwares. OpenSesame umschifft dieses Problem, in dem es erlaubt, die relativ simple Programmiersprache Python zusätzlich zu den graphischen Elementen zu verwenden. Am Ende der beiden vorgestellten Experimente werden Sie die Möglichkeit haben, selbst auch mit Python-Code einzelne Bestandteile des Experiments zu ändern. Diese Abschnitte sind allerdings optional.
2. **OpenSesame basiert auf Python (3.2):** Python ist eine verhältnismäßig leicht verständliche Programmiersprache. Das bedeutet, dass sogar Anfänger:innen durch das bloße Betrachten des Codes ungefähr nachvollziehen können, was der Code machen soll. Viele andere Programmiersprachen (z. B. Matlab) sind hingegen nicht von Anfang an so logisch nachvollziehbar. Python erfreut sich nicht nur deshalb großer und immer steigender Beliebtheit, sondern auch deshalb, weil es ebenfalls Open Source und daher für jede und jeden frei zugänglich ist. Dadurch, dass OpenSesame in Python geschrieben ist, kann

3.2 Was ist OpenSesame?

```python
 9 #import libraries
10 from psychopy import core, visual
11
12 trials = [0, 1, 2, 3]
13
14 #create window
15 myWin = visual.Window(color = 'white', units = 'pix', size = [1000, 1000],
16                      allowGUI = False, fullscr = False)
17
18 for i in trials:
19
20     #create trials
21
22     if trials[i] == 0:
23         circle_stim = visual.Circle(myWin, radius = 20, fillColor = 'red',
24                                     lineColor = None, edges = 128)
25         circle_stim.setPos([-100, 0])
26
27     elif trials[i] == 1:
28         circle_stim = visual.Circle(myWin, radius = 20, fillColor = 'red',
29                                     lineColor = None, edges = 128)
30         circle_stim.setPos([100, 0])
31
32     elif trials[i] == 2:
33         circle_stim = visual.Circle(myWin, radius = 20, fillColor = 'green',
34                                     lineColor = None, edges = 128)
35         circle_stim.setPos([-100, 0])
36
37     elif trials[i] == 3:
38         circle_stim = visual.Circle(myWin, radius = 20, fillColor = 'green',
39                                     lineColor = None, edges = 128)
40         circle_stim.setPos([100, 0])
41
42     #draw circle
43     circle_stim.draw()
44
45     #flip screen to display stimulus
46     myWin.flip()
```

Abb. 3.1 Abschnitt eines Skripts in Python (PsychoPy3)

man auch direkt mit Python in ein OpenSesame-Experiment eingreifen. Will man beispielsweise eine Darbietungsdauer, die zufällig aus einer Reihe von Zahlen gezogen wird, kann man das einfach mittels eines Inline-Skripts an der entsprechenden Stelle bewerkstelligen.

3. **Maximal flexibel in der Anwendung:** Egal, ob man ein klassisches Verhaltensexperiment (Reaktionszeiten und Fehlerraten) mittels Tastatur oder externer Response Box, Ratings, ein EEG-, MEG-, fMRT- oder Eyetracking-Experiment durchführen möchte, OpenSesame erlaubt es, alle diese Methoden zu verwenden. Dabei bleibt die Struktur eines Experiments auch weitgehend gleich, es müssen nur an den relevanten Stellen zusätzliche Items gezogen werden (etwa das Initialisieren eines Gerätes, Trigger etc.). Dadurch, dass man mit Python Code einfügen kann, sind die Anwendungsgrenzen, wie beim skript-basierten Vorgehen, oft nur die eigenen Fähigkeiten.
4. **Frei:** OpenSesame ist, wie der Name impliziert, frei zugänglich, d. h. gratis und der Quellcode wird offen gelegt. Die Forschung wird also egalitärer

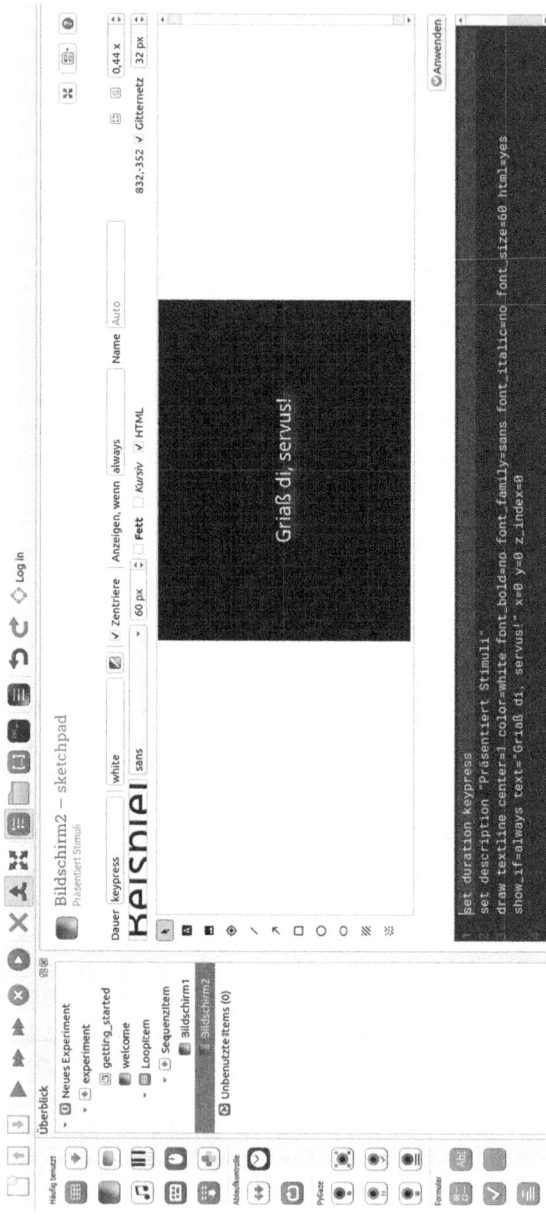

Abb. 3.2 Beispiel für einen simplen Aufbau eines OpenSesame-Experiments. Am linken Rand sind die zur Verfügung stehenden Items zu sehen, die man via Drag-and-Drop an die gewünschte Stelle im Experiment zieht (siehe die Übersicht gleich rechts neben den Items). Man kann dann den gewünschten Text/Reiz etc. einfach mithilfe des textline-Elements an die gewünschte Stelle auf dem Bildschirm schreiben, in diesem Fall „Griaß di, servus!". In OpenSesame kann man (dazu später mehr) auch eine Ansicht wählen, in der man den zugrundeliegenden Code gemeinsam mit dem Resultat darstellen kann. In unserem Beispiel wäre der Bildschirm, den die Versuchspersonen sehen, ein schwarzer Bildschirm (das grüne Raster dient nur als Hilfe beim Erstellen, wird aber im Experiment nicht angezeigt) mit dem Text „Griaß di, servus!". Der zugrundeliegende Code, den OpenSesame zur Erstellung dieses Textes verwendet, wird darunter angezeigt.

gemacht, da auch Einrichtungen mit weniger finanziellen Mitteln und Studierende ohne Zahlbarriere Forschung betreiben können, die den internationalen Standards der psychologischen Forschung entsprechen. Das wäre ohne die unzähligen und unbezahlten (!) Arbeitsstunden der Entwickler:innen nicht möglich. OpenSesame bittet daher (nicht penetrant) auch um Unterstützung, sei es mit finanziellen Mitteln oder mit Beiträgen. Durch die dennoch begrenzten Mittel kann auch nur ein entgeldlicher professioneller Support angeboten werden. OpenSesame ist aber sehr community-basiert. Hilfestellungen werden auf kollegialer Basis im Forum, das unter der oben angeführten Adresse gefunden werden kann, geleistet. Bei Fragen für konventionelle Forschung bleibt Ihnen der Griff ins Geldbörserl also erspart, da viele andere wohl schon ähnliche Fragen im Forum gestellt haben, die Sie womöglich haben werden.

5. **Plattformunabhängig:** Und last, but certainly not least: OpenSesame kann auf den allermeisten Betriebssystemen (außer iOS und BSD) betrieben werden. Regelmäßige Updates werden für Windows, MacOS, Linux und Android angeboten. Sollten Sie tatsächlich Linux verwenden, haben Sie es als Ubuntu-Nutzer:in am leichtesten: OpenSesame kann über das Personal Packaging Archive (PPA) von Sebastiaan Mathôt unkompliziert installiert werden. Sollten Sie einer alternativen Distribution frönen, können Sie OpenSesame über Anaconda (einer Programmier-Distribution für Python und R) beziehen. Es ist also egal, welches Betriebssystem verwendet wird, Experimente werden immer gleich erstellt und können auch mit Kolleginnen und Kollegen ausgetauscht werden, die ein anderes Betriebssystem verwenden. Durch den Android-Support sind auch Studien auf Tablets und Handys möglich. Web-basierte Experimente werden seit Neuestem ebenso unterstützt.

3.3 Wofür ist OpenSesame gut?

Nicht jedes Experiment muss auf einem PC präsentiert werden. Beispielsweise können in der Gedächtnisforschung auch lediglich Paper-Pencil-Verfahren zum Einsatz kommen. Oft sind jedoch exakte Präsentationsdauern von Reizen notwendig oder Reize sollen randomisiert (d. h. in zufälliger Reihenfolge) präsentiert werden. In einem solchen Fall bietet sich ein computerbasiertes Experiment besonders gut an. OpenSesame kontrolliert alles, was für ein computerbasiertes Experiment notwendig ist: Es randomisiert Experimentaldurchgänge (sofern nicht anders eingestellt), es präsentiert die Reize auf dem Bildschirm, den Lautsprechern oder Kopfhörern, es registriert und speichert die Antworten Ihrer

Versuchspersonen. Der letzte Punkt, das Speichern der Daten, ist besonders wichtig: Wir müssen OpenSesame sagen, dass es die Daten speichern soll. Das wird weiter unten näher erklärt, es sei an dieser Stelle jedoch schon die Relevanz dieses Punktes betont, da das beste Experiment letzten Endes für den metaphorischen knallroten Sack ist, wenn man die Daten nicht sichert (ist mir noch nie passiert ... aber einem Freund ... und so ...). Nach einem erfolgreich erstellten und durchgeführten Experiment gibt uns OpenSesame nach jeder Versuchsperson eine csv-Datei aus, die für die Analysen in R(Studio), JASP, jamovi, SPSS usw. importiert werden kann.

Manche Experimente, wie oben beschrieben, müssen jedoch zeitlich und bzgl. der Reihenfolge nicht großartig kontrolliert sein (wobei das eher die Ausnahme als die Regel ist). Auch für Fragebogenstudien ist OpenSesame zwar prinzipiell geeignet, letztlich jedoch nicht besser als bspw. Limesurvey.

3.4 Weiterer Ausblick

Im Folgenden wird der grobe Aufbau von OpenSesame erklärt sowie einige der wichtigsten zur Verfügung stehenden Items. Die Installation wird nicht eigens erwähnt, da diese für Windows und MacOS gleich wie für alle anderen Programme erfolgt. Auch für Linux-Distributionen wird auf der Homepage von OpenSesame ein Installationsleitfaden zur Verfügung gestellt. Es ist ratsam, OpenSesame vor dem Weiterlesen zu installieren.

Übungsaufgaben

1. Installieren Sie OpenSesame auf Ihrem Laptop/PC. Sollten Sie MacOS verwenden, finden Sie im Downloadbereich einen Artikel, der erklärt, wie Programme von externen Entwicklerinnen und Entwicklern verwendet werden können.
2. Auch wenn Sie in den nächsten Kapiteln eine Einführung zu OpenSesame erhalten, stöbern Sie ein wenig durch das Programm.

Aufbau von OpenSesame

4.1 Die Nutzeroberfläche

Wenn man OpenSesame zum ersten Mal öffnet, wird ein Begrüßungsbildschirm präsentiert. Da ich OpenSesame bereits einige Male verwendet habe, scheint dieser bei mir nicht mehr auf. Die Abb. 4.1 sollte dennoch sehr ähnlich zu dem sein, was Sie nach dem Öffnen sehen.

1. **Überblick:** In dieser Leiste wird der Aufbau des Experiments dargestellt. Des Weiteren können hier die Items an die gewünschte Stelle gezogen werden. **Wichtig:** Ebenso wie bei einem Skript (egal ob R, Python etc.) gilt, dass die Elemente in diesem Überblick sequenziell von oben nach unten durchgeführt werden (es sei denn, es wird ein Loop-Item vorangestellt, aber dazu später mehr). Zu den einzelnen Elementen im Experiment navigiert man via Mausklick auf die entsprechenden Elemente.
2. **Werkzeug-/Itemliste:** Hier befinden sich die einzelnen Bausteine, auch Plugins genannt, die via Drag-and-Drop an die gewünschte Stelle im Experiment gezogen werden können. Was die einzelnen Items machen können, wird weiter unten genauer beschrieben.
3. **Neues Experiment:** Öffnet ein neues und leeres Experiment.
4. **Öffnen:** Öffnet ein bereits bestehendes Experiment.
5. **Speichern:** Speichert die momentane Version des Experiments. **Achtung:** Beim ersten Mal speichern muss man einen Namen und Speicherort für das Experiment angeben. Arbeitet man an einem bereits existierenden Experiment, wird die **alte Version des Experiments überschrieben.**

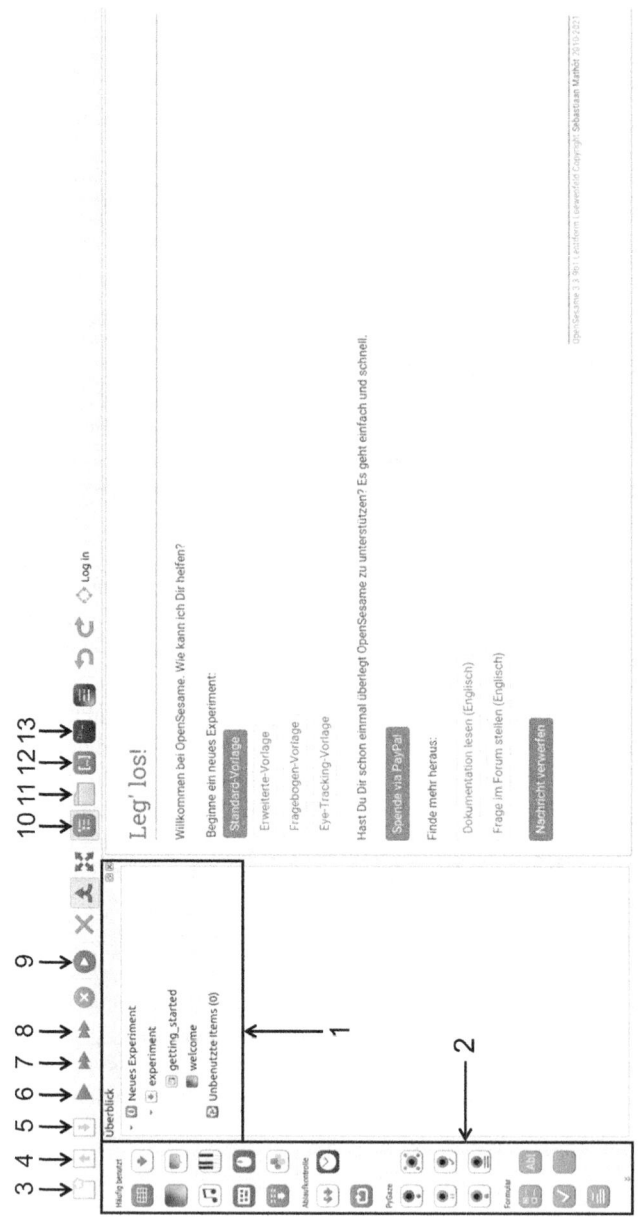

Abb. 4.1 Begrüßungsbildschirm von OpenSesame 3.3

4.1 Die Nutzeroberfläche

6. **Start (Vollbildmodus):** Startet das Experiment im Vollbildmodus. Dabei werden Daten gespeichert (sofern von der Nutzerin bzw. dem Nutzer das so spezifiziert wurde).
7. **Start (Fenstermodus mit Datensicherung):** Startet das Experiment im Fenstermodus. Dabei werden Daten gespeichert (sofern ein Logger im Experiment platziert wurde).
8. **Start (Fenstermodus ohne Datensicherung):** Startet das Experiment im Fenstermodus, ohne dabei Daten zu speichern, selbst wenn ein Logger im Experiment eingefügt wurde. Dieser Modus eignet sich gut dafür, ein Experiment auf mögliche Fehlermeldungen hin zu überprüfen, ohne den Ordner, in dem ein Experiment gespeichert ist, mit unnötigen Datensätzen zu füllen.
9. **Start (Browsermodus):** Startet das Experiment im Internet-Browser. OpenSesame erlaubt das Erstellen von Online-Experimenten. Sie könnten beispielsweise die beiden in diesem Buch erstellten Experimente auch online durchführen. Um aber online über einen Browser zu funktionieren, wird der in OpenSesame generierte Python-Code in JavaScript übersetzt, was nicht für jedes Plugin fehlerfrei funktioniert. Bei Online-Experimenten ist es zudem nicht möglich, Inline-Skripte in Python einzufügen, wohl aber in JavaScript. Wenn man also ein Online-Experiment durchführen möchte, ist es sehr (!) wichtig zu kontrollieren, dass ein Experiment nicht nur in OpenSesame läuft, sondern auch im Browser.
10. **Überblick anzeigen:** Klappt die Übersicht (1) ein oder auf. Falls Sie den Überblick also nicht sehen können, versuchen Sie es einmal mit diesem Button. Ansonsten rate ich, den Überblick stets sichtbar zu lassen.
11. **Dateisammlung anzeigen:** Manchmal möchte man Bilder oder sonstige Dateien im Experiment verwenden. Wenn dieser Button aktiviert ist, wird rechts ein Feld angezeigt, in dem die geladenen externen Dateien aufgelistet sind. Nützlich: Wenn man ein Experiment an Kollegen oder Kolleginnen sendet, werden diese Dateien genauso mitgesendet. Das bedeutet, andere müssen sich nicht mit Dingen wie Dateipfaden herumärgern.
12. **Variablenassistenten anzeigen:** Der Variablenassistent ist eine Auflistung aller Variablen, die OpenSesame beim Durchführen des Experiments speichert (sofern nicht anders spezifiziert).
13. **Debugfenster anzeigen:** Wenn man ein Experiment mit OpenSesame durchführt, läuft im Hintergrund immer ein Python-Skript mit. Wenn das Experiment aufgrund eines Fehlers abstürzt (woran man sich gewöhnen muss), ist das Debugfenster eine große Hilfe auf der Suche nach Fehlern, da hier Fehlermeldungen angezeigt werden.

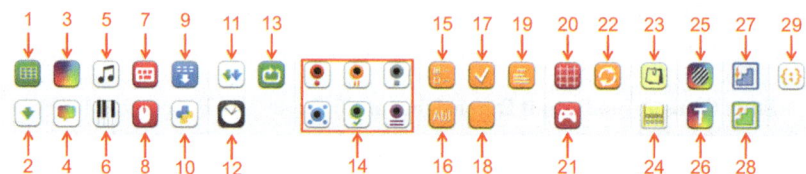

Abb. 4.2 Werkzeugliste in OpenSesame. Die horizontale Darstellung wurde zur besseren Übersichtlichkeit gewählt und kann je nach eigenen Präferenzen ausgewählt werden

4.2 Werkzeugleiste und Plugins

Plugins bzw. Items sind die Bausteine eines Experiments. Die wichtigsten Plugins sind bereits standardmäßig installiert, manche andere müssen jedoch im Nachhinein hinzugefügt werden. Vorab gleich zur Beruhigung: Viele dieser 29 Plugins werden nur selten (wenn überhaupt) verwendet. Einige (beispielsweise ein Plugin zur Verwendung von Parallelport-Triggern) müssen händisch nachinstalliert werden. Hier werden viele Plugins nur der Vollständigkeit halber benannt und eventuell kurz beschrieben. Eine ausführliche Dokumentation der einzelnen Plugins gibt es auf der Homepage von OpenSesame. Die für die hier gemeinsam erstellten Experimente relevanten Plugins werden an den relevanten Stellen auch eingehender erklärt (Abb. 4.2).

1. **Loop-Plugin:** Das Loop-Plugin wird oft verwendet. Wer schon ein wenig Erfahrung mit Programmiersprachen hat, wird bereits korrekt erraten, worum es sich dabei handelt: Was sich in einem Loop-Item befindet kann mehrfach wiederholt werden. In einem Loop-Item finden sich auch oft sog. Trialtabellen, also eine Tabelle, die Eigenschaften einzelner Versuchsdurchgänge spezifiziert. Die Verwendung eines Loop-Items verhindert, dass man jeden einzelnen Versuchsdurchgang separat definieren muss.
2. **Sequence-Plugin:** Oft soll sich eine ganze Sequenz wiederholen. Beispielsweise könnte ein Durchgang in einem Experiment aus einem Fixations-, einem Such- und einem Antwortbildschirm bestehen. Diese drei Bildschirme bilden also eine Sequenz. Oft schiebt man das Sequenz-Item in ein Loop-Item, damit sich eine Sequenz mehrfach wiederholt.
3. **Sketchpad-Plugin:** Hier handelt es sich um das wohl am häufigsten verwendete Item. Das Sketchpad-Plugin ist das, was am Bildschirm angezeigt wird. Denken wir an die eben angesprochene Sequenz von Fixations-, Such-

4.2 Werkzeugleiste und Plugins

und Antwortbildschirm: Wollten wir eine solche Sequenz, bräuchten wir drei Sketchpad-Items: je ein Fixations-, Such- und Antwort-Sketchpad.

4. **Feedback-Plugin:** Oft ist es gewünscht, Versuchspersonen nach einem Durchgang oder Block ein Feedback zu geben (z. B. „Richtig!", „Falsch!" oder „Zu langsam!"). Das Feedback-Item erlaubt genau das. Prinzipiell könnte man Feedback auch mittels eines Sketchpad-Items geben, das Feedback-Item kann jedoch direkt auf die Daten des jeweiligen Durchganges zugreifen, ohne dass diese zuerst geloggt werden müssen.
5. **Sampler-Plugin:** Mithilfe des Sampler-Plugin kann man Versuchspersonen Audiodateien vorspielen. Achtung: Die Audiodateien müssen im ogg- oder wav-Format sein.
6. **Synth-Plugin:** Das Synth-Plugin erlaubt die Darbietung simpler auditiver Reize. Man kann die Tonhöhe (in Hertz oder mithilfe von Notennamen, z. B. A1) und einige andere Parameter bestimmen. Dieses Item ist dann praktisch, wenn man die einzelnen simplen Töne nicht mit einer externen Software erstellen und ins Experiment laden möchte.
7. **Keyboard Response-Plugin:** Hier definiert man, dass von den Versuchspersonen eine Antwort mittels Tastendruck auf die Tastatur erwartet wird. Man kann dabei angeben, wie lange die Versuchspersonen Zeit haben, welche Tasten erlaubt sind etc.
8. **Mouse Response-Plugin:** Es ist auch möglich, von Versuchspersonen Antworten via Links- oder Rechtsklicks auf einer herkömmlichen Computer-Maus zu verlangen. Genau das wird mit diesem Item bewerkstelligt. Die Funktionsweise ist sehr ähnlich zum Keyboard Response-Item.
9. **Logger-Plugin:** Das Logger-Plugin ist das wohl wichtigste Item von allen. Man sieht damit keinen Bildschirm, hört keinen Ton oder sonstiges. Man sieht jedoch die Konsequenzen des Fehlens dieses Items nach dem Experiment: nichts. Ohne Logger-Item werden die Daten schlicht nicht gespeichert. Es ist uns möglich, schlicht alle Variablen eines Experiments zu speichern (das sind zwar unnötig viele, jedoch ist das die empfehlenswerte, weil sichere Methode) oder einzelne Variablen zu spezifizieren, die wir speichern wollen.
10. **Inline Script-Plugin:** Dieses Plugin ist das anfänglich wohl am meisten polarisierende Item. Mithilfe dieses Items kann man Python-Skripte in das Experiment einfügen, was die große Flexibilität von OpenSesame erlaubt.
11. **Coroutine-Plugin:** Mehrere Operationen können gleichzeitig ausgeführt werden. Dieses Plugin wird eher selten verwendet. In einigen Anwendungsfeldern, wie Eye-Tracking-Studien, kann es jedoch sehr praktisch sein.

12. **New Advanced Delay-Plugin:** Dieses Plugin pausiert das Experiment für eine festgelegte Zeit.
13. **New Repeat Cycle-Plugin:** Eine Loop kann mit diesem Plugin wiederholt werden, wenn eine bestimmte Bedingung (muss vorab spezifiziert werden) zutrifft. Diese Wiederholfunktion gibt es jedoch auch innerhalb des Loop-Items, weshalb dieses zusätzliche Item relativ redundant ist.
14. **Pygaze-Plugins:** Diese Plugins werden für Eye-Tracking-Studien verwendet. Mit ihnen kann OpenSesame mit den verwendeten Eye-Trackern kommunizieren und etwa steuern, dass der Eye-Tracker ab einer bestimmten Stelle des Experiments mit der Datenaufzeichnung starten soll etc. Da Eye-Tracking-Studien über den Rahmen des hier Besprochenen hinausgehen, werden die Pygaze-Plugins hier nicht näher erläutert.
15. **Form Multiple Choice-Plugin:** Mit diesem Plugin können Single- oder Multiple-Choice-Formulare erstellt werden.
16. **Form Text Input-Plugin:** Mit diesem Plugin können offene Fragen erstellt werden, bei denen die Versuchsperson die Antwort eintippen muss.
17. **Form Consent-Plugin:** Dieses Formular wird oft zum Beginn eines Experiments verwendet und dient als Einverständniserklärung für die Versuchsperson. Generell wichtig: Eine Einverständniserklärung (engl. *informed consent*) ist für beinahe alle wissenschaftlichen Zeitschriften ein Minimum an Ethikanforderung. Viele Journals verlangen mittlerweile, dass ein Experiment vor der Durchführung von einer Ethikkommission begutachtet und abgesegnet wird.
18. **Form Base-Plugin:** Basis zum Erstellen eines eigenen Formulars.
19. **Form Text Display-Plugin:** Hiermit kann man eigene Nachrichten an die Versuchsperson einblenden.
20. **Touch Response-Plugin:** Erlaubt die Verwendung von Touchscreens anstelle einer Tastatur, einer Maus oder eines Joysticks zum Erfassen von Antworten.
21. **Joystick-Item:** Ermöglicht die Verwendung eines Joysticks und einer Reihe anderer Alternativen zum Sammeln von Antworten.
22. **Reset Feedback-Plugin:** Zurücksetzen der Feedback-Variable. Möchte man bspw. seinen Versuchspersonen Feedback über die Akkuratheit ihrer Antworten im jeweiligen Block geben, muss man die Variable [correct] nach jedem Block wieder auf 0 setzen.
23. **Notiz-Plugin:** Dieses Plugin dient einzig zum Verfassen von Notizen für die Experimentatorin bzw. den Experimentator. Mittels Notizen kann die nachträgliche Verständlichkeit eines Experiments gesteigert werden.
24. **SRBox-Plugin:** Erlaubt die Verwendung einer Serial-Response-Box zur Antworterfassung.

4.2 Werkzeugleiste und Plugins

25. **PsychoPy_GratingStim-Plugin:** Mithilfe dieses Plugins können Sie dynamische Gabor-Patches in Ihr Experiment einfügen. Dieses Plugin wird als Ko-Routine gemeinsam mit anderen Items parallel ausgeführt.
26. **Psychopy_TextStim-Plugin:** Ähnlich wie Plugin Nr. 25 kann man mit diesem Plugin einen dynamischen Text im Experiment einbauen. Dieses Plugin wird ebenso als Ko-Routine mit anderen Items parallel ausgeführt.
27. & 28. **Staircase-Plugins:** Ermöglicht das Einbinden einer Staircase-Methode in ein Experiment. Mittels einer Staircase werden bestimmte vorher definierte Variablen eines Experiments (z. B. die Präsentationsdauer eines Reizes) schrittweise und adaptiv, also auf Basis des Verhaltens der Versuchsperson angepasst.
28. **Inline_JavaScript-Plugin:** Wenn Sie ein Experiment online durchführen wollen (was wir in dieser Einführung nicht machen werden), dann müssen Sie etwaigen Code, den Sie als Inline Skript einfügen wollen, in JavaScript verfassen.

Übungsaufgaben

1. Was passiert, wenn Sie auf einen der Start-Buttons drücken? Können Sie nachvollziehen, warum?
2. Ziehen Sie ein paar Plugins in den Überblick und erkunden, was diese Plugins machen und welche Parameter Sie bestimmen können.
3. Ziehen Sie ein Sketchpad-Item in den Überblick. Können Sie herausfinden, wie man einen Text auf den Bildschirm schreibt?
4. Löschen Sie die von Ihnen in den Überblick gezogenen Plugins wieder.

Erste Schritte in OpenSesame 5

5.1 Die Logik von OpenSesame

Nachdem wir im vorherigen Kapitel einen groben Überblick über den Aufbau von und die möglichen Werkzeuge in OpenSesame erhalten haben, werfen wir einen genaueren Blick auf die Funktionsweise und Logik von OpenSesame. Öffnen wir OpenSesame und erstellen ein neues Experiment. Wählen wir dazu unter dem Punkt „Neues Experiment erstellen" die Variante „Standard-Vorlage".

Backends

OpenSesame kann als eine übergeordnete Plattform verstanden werden, die zur Generierung von Reizen auf bereits bestehende Python-Libraries zurückgreift. Python-Libraries sind „Bibliotheken", die Python-Funktionen für spezifische Aufgaben beinhalten. Bibliotheken, die für die Erstellung psychologischer Experimente geschrieben wurden und deren Funktionen von OpenSesame verwendet werden können, sind *legacy, psycho* (*PsychoPy*), *psycho_legacy* und *expyriment*. In der Regel können Sie alle Backends für Ihre Experimente verwenden (Abb. 5.1). Es gibt jedoch kleinere Unterschiede zwischen den jeweiligen Backends, die gelegentlich relevant sein können.

1. **Legacy:** *Legacy* basiert auf Pygame und ist eine sehr einfache, dafür sehr verlässliche Bibliothek für psychologische Experimente. Ein großer Vorteil von *Legacy* ist, dass es mit Software interagieren kann, die auf einer 32-bit-Architektur basieren (*capisce?* – ich auch nicht ganz …). Diese Tatsache wird

Abb. 5.1 Bildschirm mit den Einstellungsoptionen für ein Experiment, z. B. den Backends.

dann relevant, wenn beispielsweise Eye-Tracker-Software auf einer solchen Architektur beruhen.
2. **Psycho (PsychoPy):** Wurde von Jonathan Peirce und einem großen Team von Kollaborateurinnen und Kollaborateuren (2007, 2019) geschrieben und ist definitiv das Schwergewicht unter allen Python-Bibliotheken für psychologische Experimente. Eine große Stärke von *PsychoPy* ist (unter anderem) eine sehr stabile und verlässliche Generierung selbst komplexer Stimuli. Für die meisten Experimente empfehle ich *PsychoPy* als Backend.
3. **psycho_legacy:** Diese Auswahl vereinigt die Stärken von *PsychoPy* mit jenen von *Legacy*. Während *PsychoPy* sehr zuverlässig und stark im präsentieren visueller Reize ist, ist *Legacy* mitunter zuverlässiger beim Abspielen auditiver Reize. Sollten Sie also ein Experiment planen, in denen Sie komplexere visuelle Reize (etwa mehrere Bilder) und zeitlich präzise Töne präsentieren wollen, bietet diese Wahl des Backends das Beste aus den Welten von *PsychoPy* und *Legacy*.
4. **Expyriment:** Eine große Stärke von Expyriment ist, dass das Timing mit Expyriment sehr präzise sein soll. Zudem – sollten Sie jemals planen, von GUI-basierten Experimentalsoftwares auf eine skriptbasierte Erstellung von Experimenten umzusteigen – erlaubt Expyriment, in einem sehr kurzen und kompakten Code sehr viele Experimente zu schreiben. Sie können sich online von einigen Beispielen davon überzeugen.

5.1 Die Logik von OpenSesame

Unsere erste Sequenz

Nachdem wir nun unsere leere Standard-Vorlage in OpenSesame vor uns haben und uns für ein Backend entschieden haben (ich verwende PsychoPy, die Wahl des Backends verändert aber nichts am weiteren Vorgehen), legen wir los!

Wie bereits erwähnt, führt OpenSesame die im Überblick dargestellten Items der Reihe nach aus. Erstellen wir eine erste kleine Sequenz, um das zu verdeutlichen: Wir wollen eine Sequenz erstellen, in der wir nacheinander und jeweils für eine Sekunde ein grünes, ein gelbes und ein rotes Rechteck auf einem schwarzen Hintergrund sehen (siehe Abb. 5.2).

1. Löschen wir zunächst die Items „getting_started" (Abb. 4.2.23) und „welcome" (Abb. 4.2.3) aus der Übersicht. Das machen wir, indem wir die Items mittels Rechtsklick anklicken und die Option Löschen wählen. Alternativ kann ein Item mit einem Klick auf die linke Maustaste ausgewählt und dann mittels Entf-Taste gelöscht werden. Auf diese Art werden die gelöschten Items in den Papierkorb verschoben. Sollen sie dauerhaft gelöscht werden, muss die Option **Alle verknüpften Kopien dauerhaft löschen** gewählt oder der Papierkorb entleert werden.
2. Nachdem im Überblick nun nur noch die Items *Neues Experiment* und *experiment* sind, ziehen wir ein Sketchpad-Item (Abb. 4.2.3) in den Überblick und fügen es unter dem Item *experiment* (Abb. 4.2.2) ein (drag-and-drop).

Diesen Schritt wiederholen wir weitere zweimal, da wir insgesamt drei Bildschirme haben wollen. **Wichtig:** Um den Überblick über unser Experiment bewahren zu können, sollte den Items deskriptive, also leicht verständliche Namen gegeben werden. In unserem Fall bietet es sich an, die einzelnen

Abb. 5.2 Schematische Darstellung unserer ersten Sequenz

Sketchpads nach den Farben zu benennen, die sie darstellen sollen. Ich verwende dabei stets die englischen Bezeichnungen (Abb. 5.3).

3. Würden wir das Experiment in seiner jetzigen Form starten, würden wir lediglich ein schwarzes Display sehen. Zu allem Überfluss müssten wir auch noch dreimal eine beliebige Taste drücken, um diesem deprimierenden Anblick zu entrinnen. Frisieren wir unser Experiment nun also etwas auf. Wählen Sie das erste Sketchpad (bei mir *green,* wie in Abb. 5.4) aus. Links neben der schwarzen Folie sehen Sie verschiedene Werkzeuge, die auf der Folie verwendet werden können. Probieren Sie bei Gelegenheit doch einmal alle dieser Werkzeuge aus – „Probieren geht über Studieren".

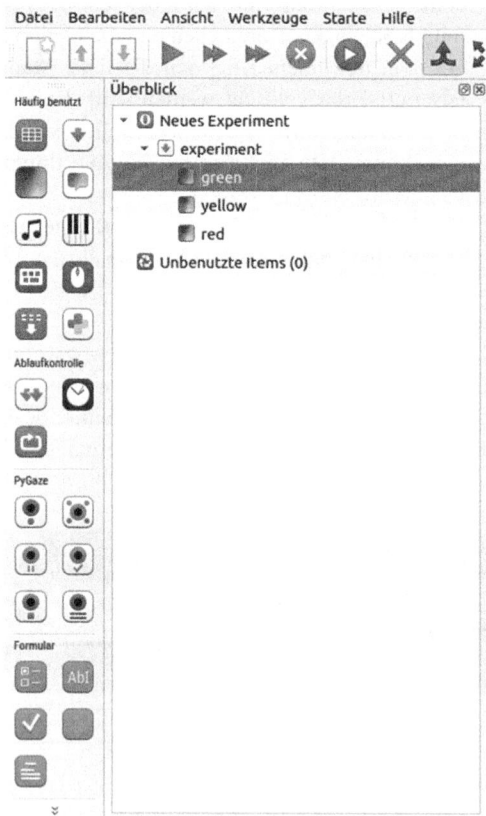

Abb. 5.3 Struktur unserer Sequenz

5.1 Die Logik von OpenSesame

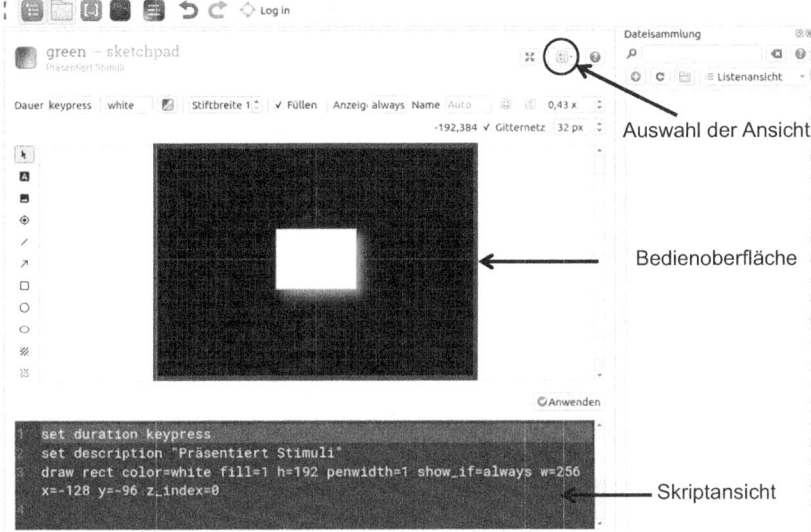

Abb. 5.4 Geteilte Ansicht der Bedienoberfläche und der Skriptansicht

Wählen wir in der Werkzeugspalte links das Quadrat aus, indem wir darauf klicken. Sie sehen, Ihr Cursor hat sich soeben in einen Stift verwandelt. Mit diesem zeichnen Sie ein Rechteck in die Mitte des Bildschirms.

4. Wählen Sie die Option *Füllen* aus. Nun ist es an der Zeit, zum ersten Mal hinter die Kulissen und auf das zugrundeliegende Skript zu schauen. Klicken wir dazu den Button *Ansicht wählen* an und wählen die Option *geteilte Ansicht*. Wenn Sie alle Schritte befolgt haben, sollten wir nun auf dem gleichen Stand sein:

In der Skriptansicht werden die Befehle angezeigt, die OpenSesame ausführen muss, um den in der Bedienoberfläche dargestellten Reiz zu generieren. Auch wenn diese Skriptansicht bei manchen eine Abwehrreaktion auslösen mag, die Angst davor ist völlig unbegründet. Man kann bereits als Novize oder Novizin ungefähr ablesen, was dieser Befehl macht. Greifen wir doch direkt ins Geschehen ein.

5. Markieren Sie das Wort *white* im Skript und ersetzen Sie es durch *green*. Generell haben Sie, wenn Sie Farben in OpenSesame angeben, die Wahl, ob Sie die HTML-Namen der Farben angeben oder Hex-Codes. Klicken Sie dann auf „Anwenden". Haben Sie etwas gemerkt? Sie haben soeben die Farbe des Rechteckes umprogrammiert. Klopfen Sie sich mal auf die Schulter! Wenn Sie damit fertig sind, schließen Sie die Skriptansicht.
6. Wir wollen zudem die einzelnen Farben für jeweils eine Sekunde darbieten. Ändern Sie dazu im Feld *Dauer* den Inhalt *keypress* zu *995*. OpenSesame verwendet für Zeitangaben Millisekunden. Weshalb wir nun hier nicht 1000, sondern 995 eingeben, wird an einer anderen Stelle etwas mehr erläutert.
7. Wiederholen Sie dieselbe Prozedur für die verbleibenden beiden Sketchpad-Items. Sie müssen lediglich die jeweiligen Farben anpassen.
8. Drücken Sie auf den *Ausführen im Vollbildmodus...*-Pfeil.

In der Annahme, dass alles geklappt hat: herzliche Gratulation! Falls nicht: Shame – ding ding – shame – ding ding...
 Sollte das Experiment bei einem Bildschirm hängen bleiben, drücken Sie eine beliebige Taste. Zu Beginn passiert es oft, dass man vergisst, die Präsentationszeiten anzupassen (shame – ding ding...).

Antworten sammeln und speichern

Auch wenn wir jetzt schon eine nette Sequenz haben, die wir bei unserer nächsten Familienfeier stolz präsentieren können, um uns dann anhören zu können, wir hätten doch etwas sinnvolleres studieren sollen und früher alles besser war – uns fehlen noch die zwei wesentlichsten Merkmale eines psychologischen Experiments: das Erfassen einer Antwort und das Sichern dieser (und anderer) Daten.

Antworten sammeln

Zunächst muss die Entscheidung getroffen werden, welche Antworten seitens der Versuchspersonen verlangt werden sollen. Zumeist soll in einem herkömmlichen Reaktionszeitexperiment eine manuelle Antwort auf einen relevanten Reiz (auch oft *Zielreiz* genannt) gegeben werden. Diese manuellen Antworten können, wie oben bei den Plugins beschrieben, auf verschiedenen Geräten gesammelt werden: der Computertastatur, der Maus, einem Joystick (auch auf einem Gamepad) sowie auf einem Touchscreen. In der weiteren Folge beschäftigen wir uns primär mit Antworten auf einer Computertastatur (Abb. 4.2.7).

5.1 Die Logik von OpenSesame

Gehen wir zurück zu unserem ursprünglichen Experiment. Behaupten wir, zu Demonstrationszwecken, dass wir testen wollen, wie schnell die Versuchspersonen nach dem Verschwinden des roten Rechtecks reagieren können. Hierzu müssen wir zwei Änderungen am bereits bestehenden Experiment vornehmen:

1. Ziehen wir ein Keyboard_Response-Item (Abb. 4.2.7) in den Überblick und lassen es nach dem Sketchpad (Abb. 4.2.3) *red* los. Gewöhnen Sie sich, gleich wie bei den Sketchpads, an, den Items im Überblick gute deskriptive Namen zu geben. Wäre Ihr Experiment nur mit Items und deren Standardnamen bestückt, wäre das Experiment nach kurzer Zeit absolut unübersichtlich. Nennen wir unser Keyboard_Response-Item also *Response*. Würden Sie das Experiment nun so durchführen, würden Sie feststellen, dass das rote Rechteck am Bildschirm bleibt, zumindest so lange, bis wir eine Antwort geben.

Woran liegt das? Wir haben OpenSesame zwar gesagt, dass wir nach dem Bildschirm *red* eine Antwort sammeln wollen. Es wurde jedoch kein neuer Bildschirm definiert, der anstelle des Bildschirms *red* treten soll. Darum bleibt das rote Quadrat einfach sichtbar. Dieser Umstand ist jedoch leicht zu beheben.

2. Nehmen wir ein weiteres Sketchpad-Item und ziehen es zwischen *red* und *Response*. Nennen wir diesen neuen Bildschirm blank. Da wir lediglich einen schwarzen Bildschirm haben wollen, brauchen wir nichts weiter zu tun außer die ***Präsentationsdauer des neuen Bildschirms auf 0 setzen.***

Was hat das jetzt zu bedeuten? Wie oben angemerkt, kommt nach dem Bildschirm blank das Antwortitem *Response,* aber kein neuer Bildschirm. *blank* bleibt also wieder so lange sichtbar, bis ein neuer Bildschirm definiert wird. Die Präsentationsdauer von 0 bedeutet nun nicht, dass OpenSesame den schwarzen Bildschirm nur für 0 Millisekunden (also gar nicht) präsentiert, sondern dass ohne weitere Verzögerung gleich das nächste Item zur Ausführung gelangt.

Prinzipiell ist hier ein guter Zeitpunkt, sich der Bedeutung des Dauer-Feldes in OpenSesame bewusst zu werden: ***Die Dauer eines Items bedeutet nicht, dass das betreffende Item so lange gezeigt wird, sondern dass OpenSesame die angegebene Dauer wartet, bis es zum nächsten Item in der Überblicksliste springt!***

Unser Experiment sollte nun so wie in Abb. 5.5 aussehen.

Daten speichern

Nach diesen anfänglich vielleicht recht eigentümlichen Informationen wird es Sie wohl beruhigen, dass das Speichern der Daten mit lediglich einem Handgriff

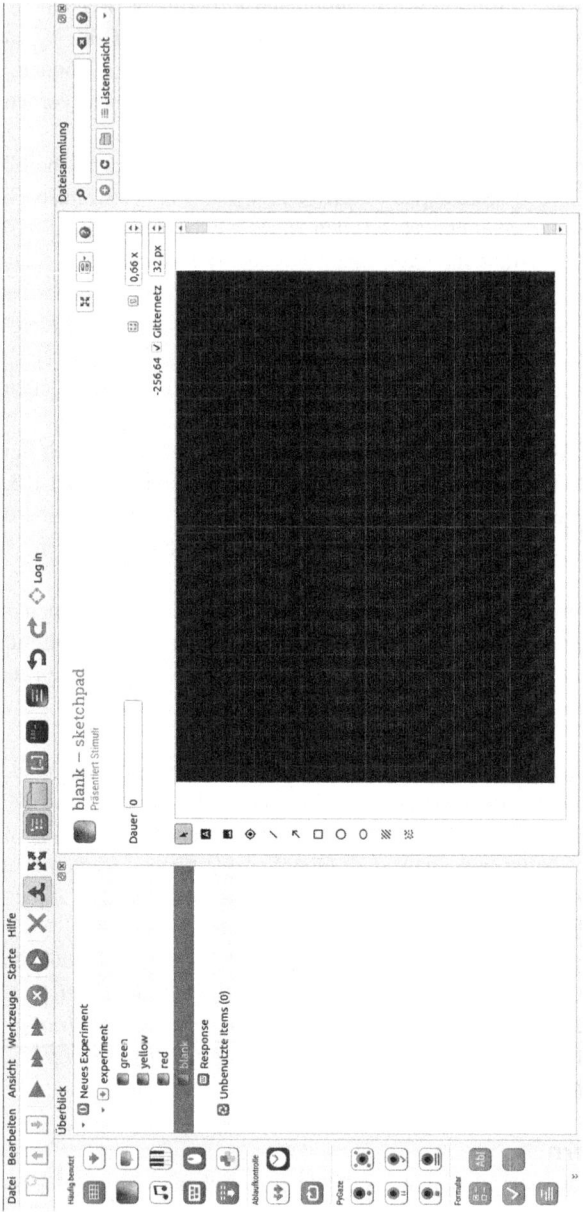

Abb. 5.5 Momentaner Stand unseres Experiments

funktioniert: Ziehen Sie das Logger-Item (Abb. 4.2.9) in den Überblick und lassen Sie es nach dem Response-Item los. Es ist absolut essentiell, dass der Logger *nach dem Response-Item* platziert wird: Wenn wir die Daten speichern und erst danach kommt eine Antwort, dann ist die Antwort logischerweise nicht mehr Teil der gespeicherten Daten.

Speichern Sie Ihr Experiment nun in einem beliebigen Ordner auf Ihrem PC.

Führen wir nun das Experiment durch, indem wir auf den *Ausführen im Vollbildmodus...*-Pfeil klicken. Geben Sie die Versuchspersonennummer *1* ein und führen Sie das Experiment durch.

Sollten Sie von OpenSesame eine Fehlermeldung erhalten, verzagen Sie nicht. Gehen Sie die oben beschriebenen Punkte nochmals genau durch. Beim Beheben von Fehlern lernt man wesentlich mehr, als wenn alles glattläuft.

Daten eines OpenSesame-Experiments

Sie werden nun in dem Ordner, in dem Sie Ihr Experiment gespeichert haben, die Datei subject-1.csv finden (bzw. die Versuchspersonennummer, die Sie vorhin angegeben haben). CSV steht für comma separated values, das bedeutet, dass die einzelnen Spalten im Datensatz durch Kommas getrennt sind. Manche kostenpflichtige Programme (Excel... *hust*) sind nicht in der Lage, csv-Dateien einfach und ohne weitere Einstellungen korrekt anzuzeigen. Verwenden Sie hingegen beispielsweise LibreOffice oder OpenOffice, haben Sie diese Probleme nicht. Diese Office-Programme sind frei verfügbar und stehen kostenpflichtigen Alternativen um kaum etwas nach.

Wenn Sie die Datei subject-1.csv nun öffnen, sehen Sie in etwa eine Tabelle wie in Abb. 5.6 vor sich. Sie sehen, dass OpenSesame eine Fülle von Variablen speichert, ohne dass wir das zusätzlich spezifizieren müssen. Im Datensatz finden sich Informationen über das verwendete Backend, Zeit und Datum des Experiments, die von uns erstellten Variablen und so weiter und so fort. Beim Sichern der Daten gilt der Kehrwert des althergebrachten Spruchs: Mehr ist oft weniger. Mit „weniger" ist hier das Haare raufen gemeint, dem man sich voller Verzweiflung hingibt, wenn man nach 50 Versuchspersonen merkt, dass man eine kritische Variable nicht aufgezeichnet hat.

Unser Datensatz hat lediglich eine Zeile, da unser Experiment aus lediglich einem Durchgang besteht. Führen wir ein Experiment mit mehr Durchgängen durch, besteht der Datensatz aus ebenso vielen Zeilen wie wir Durchgänge hatten.

	A	B	C	D	E	F
1	acc	accuracy	average_response_time	avg_rt	background	canvas_backend
2	undefined	undefined	904.588202000014	904.588202000014	black	psycho
3						
4						

Abb. 5.6 Unser erster Datensatz

Übungsaufgaben

1. Wie welche Dauer würden Sie in OpenSesame angeben, wenn Sie ihre Reize für jeweils 50 ms zeigen möchten?
2. Fügen Sie in der Sequenz ein Synth-Item (Abb. 4.2.6) ein, das den Kammerton A (440 Hz) spielt, sobald eine Antwort gegeben wurde.
3. Wie lange wird ein Bildschirm gezeigt, dessen Dauer auf 0 gesetzt wurde und nach dem ein Keyboard Response-Item folgt?
4. Ersetzen Sie die Rechtecke in der Sequenz dieses Kapitels mit gefüllten Kreisen.
5. Nehmen Sie die Füllung der unter 4) erstellten Kreise wieder weg und vergrößern die Linienstärke der Kreise.

Hinweisreizparadigma 6

Nun, da wir Grundkenntnisse über die Funktionsweise von OpenSesame haben, erstellen wir unser erstes richtiges Experiment. Wir werden eine leicht abgewandelte Form des Hinweisreizparadigmas (Posner, 1980) mit peripheren Hinweisreizen (auch *exogene* Hinweisreize genannt) und zentralen (oder *endogene*) Hinweisreizen erstellen.

6.1 Hintergrund und Design

Das Hinweisreizparadigma geht auf Studien von Michael Posner zurück und beschäftigt sich mit der Frage, ob und welche irrelevanten Reize unsere visuelle Aufmerksamkeit anziehen, obwohl sie ignoriert werden sollten. Das Design des Experiments kann in Abb. 6.1 gesehen werden. Posner bat seine Versuchspersonen, nach einem Zielreiz zu suchen und auf diesen zu reagieren. Dieser Zielreiz konnte an einer von zwei Positionen auftauchen.

Posner ließ seine Versuchspersonen zwei Bedingungen durchlaufen, in denen sie mit verschiedenen, zeitlich kurz (100 ms) vor dem Zielreiz auftauchenden Hinweisreizen konfrontiert wurden. In der sog. *peripheren Hinweisreizbedingung* tauchte ein für die Aufgabe vollkommen irrelevanter Reiz, der sog. Hinweisreiz (auch engl. *cue*), für 50 ms an einer der beiden möglichen Zielreizpositionen auf. Die Bezeichnung Hinweisreiz ist dabei etwas irreführend: Der Hinweisreiz tauchte nur auf Zufallsniveau (d. h. in nur 50 % der Durchgänge) an der korrekten Zielreizposition auf. Versuchspersonen wurden auf diesen Umstand hingewiesen und dazu angehalten, den Hinweisreiz so gut wie möglich zu ignorieren. Wenn der Hinweisreiz an derselben Position wie der kurz darauf erscheinende Zielreiz auftaucht, spricht man von einem *validen* Durchgang.

© Der/die Autor(en), exklusiv lizenziert an Springer-Verlag GmbH, DE, ein Teil von Springer Nature 2022
C. Büsel, *Psychologische Experimente*,
https://doi.org/10.1007/978-3-662-65524-5_6

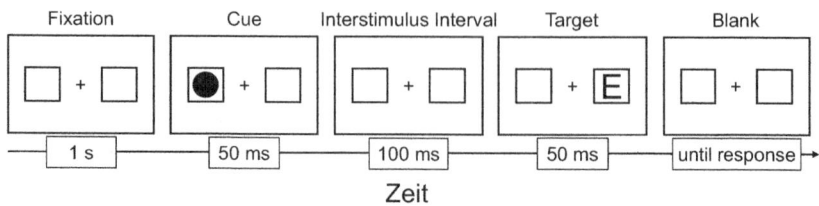

Abb. 6.1 Ein Durchgang in einer klassischen Variante des Hinweisreizparadigmas von Posner (1980) mit einem peripheren Hinweisreiz. Da der Hinweisreiz und der Zielreiz an unterschiedlichen Positionen auftauchen, spricht man hier von einem invaliden Durchgang. Aufgrund der Konvention in der Literatur werden hier die englischen Begriffe verwendet. Beachten Sie, dass der Bildschirmhintergrund bei uns schwarz sein wird und die hier schwarz eingezeichneten Elemente weiß

Erschien der Hinweisreiz hingegen an der Position, an der der Zielreiz nicht auftaucht, spricht man von einem *invaliden* Durchgang.

Die sog. *zentrale Hinweisreizbedingung* war bezüglich des Aufbaus ident zur peripheren Hinweisreizbedingung: 100 ms vor dem Zielreiz tauchte ein Cue für 50 ms auf, der die korrekte Zielreizposition lediglich auf Zufallsniveau vorhersagte. Die Cues in beiden Bedingungen unterschieden sich jedoch wesentlich voneinander: Während der periphere Cue direkt an einer der beiden potenziellen Zielreizpositionen auftrat, wurde der zentrale Cue in der Bildschirmmitte präsentiert und war ein sog. *symbolischer Hinweisreiz*. Symbolisch beschreibt in diesem Kontext die Tatsache, dass der Cue ein Pfeil war, der entweder nach links oder nach rechts wies und diesem Cue erst seine Bedeutung entnommen werden musste, während der periphere Cue eine mögliche Zielreizposition direkt anzeigte.

Wir werden in unserem Experiment hier lediglich auf non-prädiktive Cues, d. h. Cues, die bezüglich der darauffolgenden Zielreizposition uninformativ waren, eingehen. Posner hatte noch eine weitere Bedingung: eine prädiktive Cue-Bedingung. In dieser Bedingung zeigte der Cue in 80 % der Durchgänge die korrekte Zielreizposition voraus.

Posner fand in seinem Experiment, dass periphere Cues die Aufmerksamkeit immer automatisch anzogen, egal ob die Versuchspersonen wussten, dass der Cue prädiktiv oder non-prädiktiv war. Im Gegensatz hierzu fand Posner, dass zentrale Hinweisreize die Aufmerksamkeit nur dann anzogen, wenn sie die korrekte Zielreizposition überzufällig oft korrekt vorhersagten. Waren die zentralen Cues gleich oft valide wie invalide, zogen sie die Aufmerksamkeit nicht an.

Wie aber operationalisierte Posner die Aufmerksamkeitsanziehung? Posner maß die Aufmerksamkeitsanziehung mithilfe des sogenannten *Validitätseffekts*: schnellere RTs in Durchgängen mit einem validen Hinweisreiz, verglichen mit RTs aus Durchgängen mit einem invaliden Hinweisreiz. Der Validitätseffekt wird weitläufig als Evidenz dafür gesehen, das der eigentlich irrelevante Hinweisreiz die Aufmerksamkeit auf sich zog und der Zielreiz in einem invaliden Durchgang neu gesucht werden musste, während die Aufmerksamkeit in einem validen Durchgang bereits an der korrekten Position verharrte. Hier sehen Sie, dass die Logik von Donders mentaler Chronometrie auch heute noch breite Anwendung findet.

So trivial der eben beschriebene Befund des Hinweisreizparadigmas zunächst wirken mag, verdeutlichen wir uns das extrem kurze Intervall zwischen dem Auftreten des Hinweisreizes und dem Auftreten des Zielreizes, nämlich 150 ms: Dieses Intervall ist zu kurz, um eine Sakkade (Blickbewegung) hin zu dem Hinweisreiz auszuführen. Das Hinweisreizparadigma misst also verdeckte Aufmerksamkeitsverlagerungen, die unabhängig von der Blickrichtung auftreten.

6.2 Design in OpenSesame

Wie in Abb. 6.1 ersichtlich, brauchen wir pro Durchgang (egal in welcher Cue-Bedingung) fünf Bildschirme: einen Fixationsbildschirm, einen Cuebildschirm, einen weiteren Fixationsbildschirm für das Intervall zwischen Cue und Target, einen Targetbildschirm sowie einen letzten Fixationsbildschirm, den die Versuchspersonen nach dem Verschwinden des Targets sehen.

Die Aufgabe der Versuchspersonen wird es sein, den Cue zu ignorieren und auf das Target zu antworten. Das Target kann entweder ein *E* oder ein *H* sein. Wenn das Target ein E ist, soll die Taste *y* gedrückt werden. Wenn das Target hingegen ein H ist, soll die Taste *m* gedrückt werden. Wir haben also die folgenden Merkmale, die im Experiment variieren:

- **Seite des Cues:** links oder rechts
- **Seite des Targets:** links oder rechts
- **Cue-Bedingung:** peripher oder zentral
- **Buchstabe:** E oder H

Die Variablen *Seite des Cues*, *Seite des Targets* und *Buchstabe* werden innerhalb eines Blocks variiert. Wie Sie bereits gelernt haben, spricht man hier von einem gemischten Block. Die Variable *Cue-Bedingung* wird hingegen zwischen den Experimentalblöcken variiert: Versuchsperson erledigen einen Block mit zentralen Cues und einen Block mit peripheren Hinweisreizen. In der wissenschaftlichen Literatur würde man sagen, dass die Variable *Cue-Bedingung geblockt* ist.

Beginnen wir nun mit dem generellen Aufbau des Experiments und starten mit der peripheren Cue-Bedingung.

6.2.1 Periphere Hinweisreize

Wir öffnen ein neues Experiment in OpenSesame und wählen die Standardvorlage aus. Die Notiz *getting_started* können wir mittels Rechtsklick löschen. Das Sketchpad *welcome* verwenden wir gleich im nächsten Schritt.

1. Bevor wir die Durchgangssequenz (engl. *trial_sequence*) im Experiment beginnen wollen, müssen wir unseren Versuchspersonen zunächst natürlich die ihnen bevorstehende Aufgabe erklären. Wählen wir dazu das *welcome*-Sketchpad aus und ändern den Namen in *Instructions*. Auf dem Sketchpad steht bereits der OpenSesame-typische Begrüßungstext. Schweben Sie mit der Maus über dem Text, bis er grau hinterlegt ist, und klicken Sie den Text mittels Doppelklick an. Ein neues Fenster öffnet sich, in dem Sie den Text bearbeiten können.
2. Schreiben Sie Folgendes in das Fenster:

Herzlich Willkommen bei diesem Experiment!
Sie werden pro Durchgang zwei Bildschirme in schneller Abfolge sehen: einen Bildschirm mit einem irrelevanten Reiz und den Zielreizbildschirm.
   Wenn Sie im zweiten Bildschirm (d. h., Zielreizbildschirm) ein *H* sehen, antworten Sie mit der Taste *m*.
   Wenn der Reiz im zweiten Bildschirm ein *E* ist, antworten Sie mit der Taste *y*.
   Versuchen Sie, den irrelevanten Reiz im ersten Bildschirm so gut wie möglich zu ignorieren und blicken Sie stets auf den Punkt in der Mitte des Bildschirms.
   Das Experiment beginnt mit einigen Probedurchgängen.
   Beliebige Taste zum Starten drücken.

Wir wollen zwei Blöcke realisieren, beginnen wir mit der peripheren Hinweisreizbedingung:

6.2 Design in OpenSesame

Abb. 6.2 Das geöffnete Peripheral-Loop-Item nach unserer Bearbeitung

3. Ziehen Sie ein Loop-Item in die Übersicht nach den Instruktionen und benennen Sie das Loop-Item in *Peripheral* um.
4. Öffnen Sie das *Peripheral*-Item und schreiben Sie in die oberste Spalte, die blau hinterlegt ist, *block*. In die erste Zeile darunter schreiben Sie *peripheral*. Das Ergebnis sollte aussehen, wie in Abb. 6.2.

Die nächsten Schritte mögen etwas obskur wirken, folgen Sie aber dennoch den hier beschriebenen Schritten. Die Logik wird nachher noch näher erklärt.

5. Ziehen Sie ein Sequence-Item in den Überblick und lassen es **auf** dem *Peripheral*-Loop-Item los. Es öffnet sich nun ein Dialog-Fenster, das Sie fragt, ob Sie das *Sequence*-Item in das Loop-Item einfügen wollen oder danach. Wählen Sie die Alternative *In Peripheral einfügen* und benennen Sie die Sequenz in Peripheral_Seq um.
6. Ziehen Sie ein weiteres *Loop*-Item in den Überblick und lassen Sie es auf dem eben erstellten *Peripheral_Seq* los. Wählen Sie die Option *In Peripheral_Seq einfügen*. Benennen Sie das neue Loop-Item in *Practice_Peripheral* um.
7. Erstellen Sie, so wie Sie es eben im *Peripheral*-Loop-Item gemacht haben, eine Variable, indem Sie die erste Spalte in der ersten, blau hinterlegte Reihe auswählen. Tippen Sie nun *practice* in dieses Feld und gehen Sie in die Zeile direkt unter dieser neu erstellte Variable. Schreiben Sie *yes* in dieses Feld.

8. Ziehen Sie ein Sequence-Item in den Überblick und lassen es **auf** dem *Practice_Peripheral*-Loop-Item los. Wählen Sie die Alternative *In Practice_Peripheral einfügen* und benennen Sie die Sequenz in *Practice_Peripheral_Seq* um.
9. Ziehen Sie ein weiteres Loop-Item in den Überblick und lassen Sie es auf dem eben erstellten *Peripheral_Seq* los. Wählen Sie die Option *In Practice_Peripheral_Seq einfügen*. Benennen Sie das neue Loop-Item in *Practice_Trials_Peripheral* um.
10. Nun sind wir bald am Ende der Verschachtelungen, versprochen. Ziehen Sie ein weiteres Sequence-Item in den Überblick und fügen Sie es in *Practice_Trials_Peripheral* ein. Benennen Sie diese Sequenz nun *Trial_Seq_Peripheral*.

Nun sind wir endlich dabei angekommen, die eigentliche Sequenz eines Durchgangs (siehe Abb. 6.1) zu erstellen. Bislang sollte Ihr Experiment wie in Abb. 6.3 aussehen.

Verschachtelungen

Sie werden sich nun wohl fragen, was es mit diesen Verschachtelungen auf sich hat. Zugegeben, die Logik dahinter mag sich vielleicht nicht unmittelbar erschließen. Nützlich ist es jedoch vielleicht, den bisherigen Aufbau in Worte zu fassen: Hallo, i bims, ich möchte mit dem Block *Peripheral* beginnen (vong Bedingung her). Der *Peripheral*-Block soll wie folgt aussehen (d. h., soll

Abb. 6.3 Unser bisheriger Fortschritt

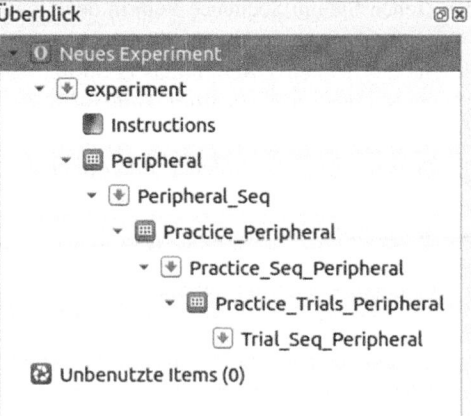

folgende Sequenz sein; *Peripheral_Seq*): Zunächst sollen die Versuchspersonen einen Block mit Trainingsdurchgängen absolvieren: *Practice_Peripheral*. Dieser Übungsblock sieht wie folgt aus *(Practice_Seq_Peripheral)*: Eine Trial-Sequenz *Trial_Seq_Peripheral* soll sich mehrmals wiederholen und dabei benötigte Variablen aus dem Loop-Item holen (mehr dazu gleich; *Practice_Trials_Peripheral*). Der Vorteil an diesen Verschachtelungen ist, dass in jedem Durchgang, der durchgeführt und gespeichert (geloggt) wird, die Variablen aus übergeordneten Loop-Items (bei uns: *Peripheral* und *Practice_Peripheral*) für jeden Durchgang ebenfalls mitgespeichert werden, der innerhalb dieser Strukturen ausgeführt wird. Das erspart uns einiges an Arbeit, wenn wir die Variablen der einzelnen Durchgänge spezifizieren. ◄

Nehmen Sie ein Sketchpad-Item und fügen es *in* die *Trial_Seq_Peripheral* ein. Nennen Sie dieses Sketchpad *Fixation_Peripheral*. Setzen Sie die Dauer des Fixationsbildschirms auf 995 ms.

11. Nun machen wir uns daran, den Bildschirm so zu gestalten, wie er in der Abb. 6.1 aussieht. Versuchen Sie sich selbst daran. In Abb. 6.4 sehen Sie, welche Werkzeuge Sie dafür benötigen. Achten Sie besonders darauf, dass die Platzhalter symmetrisch sind und der Fixationspunkt in der Bildschirmmitte ist.

12. Uns fehlen jetzt noch der Cuebildschirm, der Fixationsbildschirm für das Intervall zwischen Cue und Target (auch engl. *interstimulus interval* [ISI] oder *cue-target onset asynchrony* [CTOA], der Targetbildschirm sowie der weitere Fixationsbildschirm während der Antwort. Bevor wir nun aber alle Bildschirme so erstellen wie das Fixation-Sketchpad, machen wir uns das Leben etwas einfacher. Klicken Sie mit der rechten Maustaste auf das Fixation-Sketchpad und wählen Sie die Option *Kopieren* (**nicht verknüpft**). Klicken Sie nochmals mit Rechtsklick auf das *Fixation_Peripheral*-Sketchpad und wählen Sie die Option *Einfügen*. Nun sollte unter *Fixation_Peripheral* ein weiteres Sketchpad mit dem Namen *Fixation_Peripheral_1* erscheinen. Benennen Sie *Fixation_Peripheral_1* in *Cue_Peripheral* um und wiederholen Sie diesen Vorgang jeweils für die Bildschirme *ISI_Peripheral, Target_Peripheral, Blank_Peripheral* und fügen Sie am Ende noch ein *keyboard_response_item* sowie einen *logger* ein. Benennen Sie die letzten beiden Items in *Response_Peripheral* und *Logger_Peripheral*.

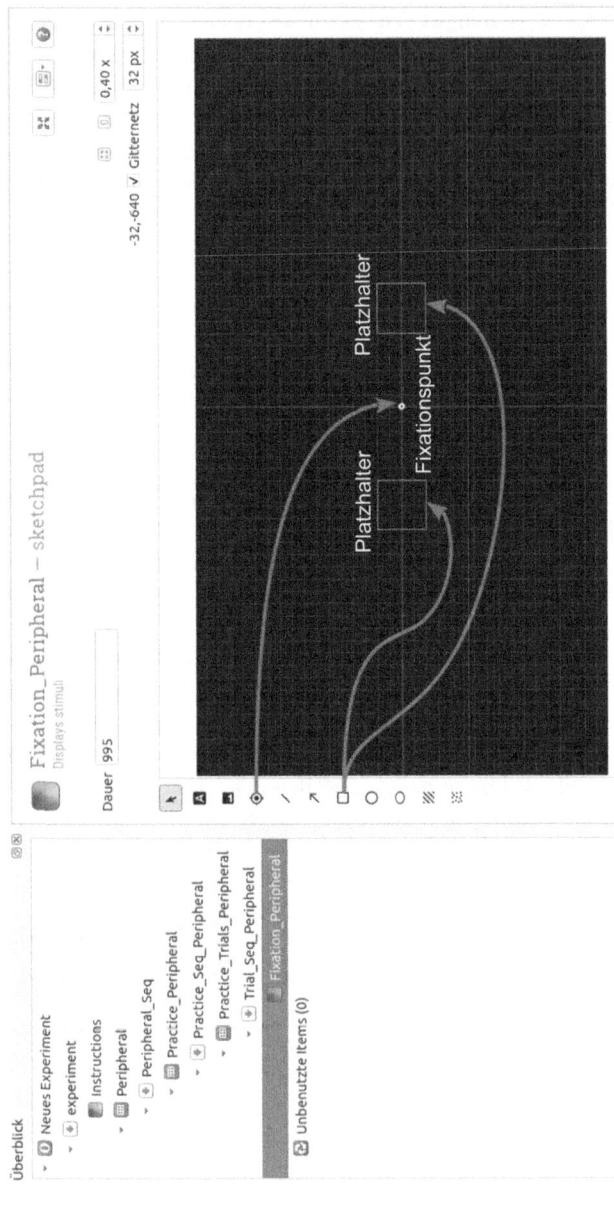

Abb. 6.4 Das Fixation_Peripheral-Sketchpad nach unserer Bearbeitung. Die roten Pfeile und Beschriftungen sind lediglich als Hinweise gedacht und sollen nicht auf das Sketchpad gezeichnet werden. Links ist der bisherige Überblick zu sehen

6.2 Design in OpenSesame

> **Verknüpfte und unverknüpfte Kopien**
>
> Sie können in OpenSesame verknüpfte und unverknüpfte Kopien von Items erstellen. Bei unverknüpften Kopien erstellen Sie eine einfache Kopie. Wie Sie gerade erlebt haben, haben Sie das Fixation Display mehrfach kopiert und ihnen unterschiedliche Namen gegeben. Wenn wir in Kürze die übrigen Bildschirme so anpassen, wie wir sie haben wollen, können wir das für jeden einzelnen Bildschirm machen. Hätten wir von Fixation verknüpfte Kopien erstellt, so würde jede Änderung, die wir in einem Bildschirm vornehmen, auf alle anderen verknüpften Kopien übernommen. Bei den Änderungen, die wir vornehmen müssen, um unser Design zu realisieren, wäre das alles andere als zielführend. Zu einem späteren Zeitpunkt werden wir den Nutzen von verknüpften Kopien aber noch sehen.◄

Öffnen wir den *Cue_Peripheral*-Bildschirm und zeichnen einen Kreis (gefüllt) in einen der beiden Platzhalter. In diesem Fall zeichne ich den Kreis in den linken Platzhalter. Setzen wir die Dauer des Bildschirms auf 45 ms.

13. Beim *ISI_Peripheral*-Bildschirm müssen keine zusätzlichen Änderungen vornehmen. Wir müssen lediglich die Dauer auf 95 ms ändern.
14. Im *Target_Peripheral*-Bildschirm zücken wir nun das Textwerkzeug aus der Werkzeugleiste neben dem Bildschirm. Klicken Sie mit dem Stift in die Mitte eines Platzhalters und schreiben Sie einen der beiden Buchstaben (E oder H; bei mir: ein E im rechten Platzhalter). Wählen Sie eine Größe des Reizes so, dass Sie den Reiz gut zu erkennen glauben, wenn er nur sehr kurz präsentiert wird. Setzen Sie zudem die Dauer auf 45 ms.
15. Setzen Sie die Dauer des Bildschirms *Blank_Peripheral* auf 0. Ihr Experiment und die Bildschirme sollten nun so aussehen wie in Abb. 6.5.
16. Öffnen wir nun das *Response_Peripheral*-Item (Abb. 6.6) Wir möchten nicht, dass die Versuchspersonen andere Tasten außer die von uns spezifizierten Tasten verwenden. Geben wir daher bei *Erlaubte Reaktionen y* und *m* ein. **Achtung:** Die beiden Buchstaben müssen durch ein Semikolon getrennt sein! Weiters wollen wir, dass Versuchspersonen nicht unbegrenzt Zeit für eine Antwort haben, sondern dass ab einer gewissen Zeit keine Antworten mehr registriert werden und das Experiment fortfährt. Geben wir daher bei *Timeout* 2000 (ms) ein.

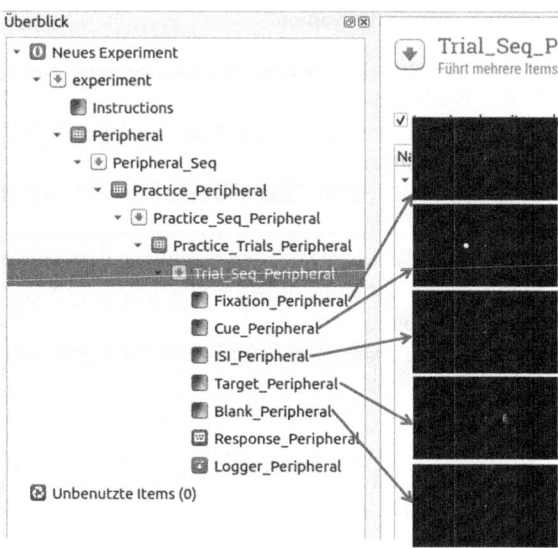

Abb. 6.5 Stand unseres jetzigen Experiments samt den einzelnen Bildschirmen

Abb. 6.6 Das geöffnete Response_Peripheral-Item

Nun haben wir das grobe Design unseres Experiments erstellt. Wir haben definiert, wie welche Bildschirme wann und für wie lange gezeigt werden sollen.

Nun ist ein angemessener Zeitpunkt, sich darüber klar zu werden, was es mit den eigenartigen Dauern auf sich hat.

> **Darbietungsdauern**
>
> Auch wenn es schön wäre, wir können unsere Reize nicht beliebig lange präsentieren. Den möglichen Darbietungsdauern werden Grenzen durch die Hardware (den Monitor) gesetzt. Bei einem klassischen Röhrenbildschirm wird ein Bildschirm Zeile für Zeile von oben bis unten und von links nach rechts gezeichnet.
>
> Wie lange ein solcher Zyklus dauert, hängt von der Bildwiederholungsfrequenz ab. Bei einem Bildschirm mit einer Bildschirmwiederholungsrate von 100 Hz dauert es 10 ms, bis ein neuer Bildschirm gezeichnet wird. Entsprechend sind die möglichen Darbietungsdauern 10 ms, 20 ms, 30 ms … Hat ein Bildschirm eine Bildschirmwiederholungsrate von 60 Hz, dauert es 16,676 ms, bis ein neuer Bildschirm gezeichnet wird. Entsprechend sind die möglichen Darbietungsdauern 16,7 ms, 33,3 ms, 50 ms … Was hat das jetzt mit unseren schrägen Darbietungsdauern (995, 45, 95 und 45 ms) zu tun? Wir machen das, damit OpenSesame das Signal für den neuen Stimulus vor einem solchen neuen Zyklus sendet. Damit wird vermieden, dass der Monitor versucht, einen neuen Reiz während eines Refresh-Zyklus zu zeichnen. Die Konsequenz wäre im schlimmsten Fall, dass lediglich ein halber Reiz gezeichnet wird. ◄

6.2.1.1 Variablen in OpenSesame

Wenn wir unser Hinweisreizparadigma nun ausführen, sehen wir lediglich einen Durchgang. Zudem werden der Hinweis- und Zielreiz ausschließlich an den Orten präsentiert, die wir während des Erstellens des Experiments definiert haben. Hinweis- und Zielreiz sollen jedoch randomisiert links und rechts auftauchen. Zudem wird immer derselbe Zielreiz präsentiert. Anders gesagt, Hinweis- und Zielreizpositionen sowie Zielreizidentität sollen variabel sein (klingelt's?).

Wir haben zuvor bereits zwei Variablen implementiert, nämlich die Variable *block* mit der Ausprägung *peripheral* und die Variable *practice* mit der Ausprägung *yes*. Ähnliches tun wir nun mit den Variablen Hinweis- und Zielreizpositionen sowie für Zielreizidentität.

1. Öffnen wir also *Practice_Trials_Peripheral* und tippen in die erste (blau hinterlegte) Zeile und die erste Spalte den Variablennamen *cue_pos* (für engl. *cue position*). In die zweite Spalte und wiederum die erste Zeile tippen wir

target_pos. Zuletzt schreiben wir in die dritte Spalte *letter*. Wir haben soeben drei Variablen erstellt. Jede Zeile stellt einen Durchgang dar.

2. Öffnen Sie die Skriptansicht Ihres *Cue_Peripheral*-Sketchpads. Finden Sie nun die Zeile im Skript, in dem *draw circle* steht. Suchen Sie den zu dieser Zeile befindlichen x-Wert. In meinem Falle ist dies −256. Diese Zahl bezieht sich auf die Anzahl der Pixel, die der Reiz von der Bildschirmmitte entfernt ist. Das Minus bezieht sich dabei auf links, da die Bildschirmmitte die *x*- und *y*-Koordinaten 0 und 0 hat. Logischerweise folgt, dass die x-Koordinate des Cues, sollte er auf der rechten Seite auftauchen, das Vorzeichen wechseln muss.
3. Tippen Sie die Koordinaten (bei mir: −256 und 256) in die ersten beiden Zeilen in der Spalte der Variable *cue_pos*.
4. Gehen Sie für die Zielreizposition genauso vor, wie bei der Cue-Position und tippen Sie die Werte in die Spalte *target_pos* des *Practice_Trial*- Item.
5. Im nächsten Schritt deklinieren Sie im *Practice_Trial*-Item alle möglichen Kombinationen durch.
6. Erstellen wir eine zusätzliche Variable mit dem Namen *correct_response*. OpenSesame sucht von sich aus, ob es eine Variable dieses Namens gibt. Falls diese Variable existiert, vergleicht OpenSesame die gegebene Antwort mit dem Wert der Variable *correct_response*. Wenn die Werte übereinstimmen, speichert OpenSesame, dass der Durchgang korrekt beantwortet wurde (*correct = 1*). Wenn sich die Werte unterscheiden, gilt der Durchgang als inkorrekt beantwortet (*correct = 0*).

In Durchgängen, in denen die Variable *letter* ein *E* ist, soll die Variable *correct_response y* sein. In Durchgängen, in denen die Variable *letter* ein *H* ist, soll die Variable *correct_response m* sein. Die Tabelle sollte nun aussehen wie in Abb. 6.7.

Eine gute und eine schlechte Nachricht: Wenn wir das Experiment nun durchführen, sollten keine Fehlermeldungen auftreten. So weit die gute Nachricht. Die schlechte Nachricht: Die Reize tauchen immer noch stets an derselben Position auf und der Zielreiz ist immer derselbe Buchstabe. Die Lösung des Problems: Wir müssen OpenSesame sagen, dass die *x*-Koordinaten der Cucs und Targets die Werte der Variablen *cue_pos* und *target_pos* annehmen sollen. Weiters sollte der Zielreiz entweder ein E oder ein H sein, je nachdem, was in der Spalte *letter* steht.

7. Öffnen Sie die Skript-Ansicht des *Cue_Peripheral*-Sketchpads und schreiben Sie bei der *x*-Koordinate des Kreises (draw circle ...) Folgendes: [*cue_pos*].

6.2 Design in OpenSesame

	cue_pos	target_pos	letter	correct_response
1	-256	256	E	y
2	256	256	E	y
3	-256	-256	E	y
4	256	-256	E	y
5	-256	256	H	m
6	256	256	H	m
7	-256	-256	H	m
8	256	-256	H	m

Abb. 6.7 Tabelle im Practice_Trial_Peripheral-Item, auch Trialtabelle genannt

Durch die Verwendung der eckigen Klammern weiß OpenSesame, dass der Wert aus der entsprechenden Zeile der Variable *cue_pos* entnommen werden soll.

8. Definieren Sie die x-Koordinate des Buchstaben im *Target_Peripher*-Sketchpad als [target_pos]. Ändern Sie zudem den Wert beim Parameter *text* zu [letter].

Lassen Sie sich nicht davon verunsichern, dass sich die Positionen des Cues und des Targets in die Bildschirmmitte verschoben haben. Das ist völlig normal. Wenn Sie das Experiment nun durchführen, sollten Sie acht Durchgänge des Hinweisreizparadigmas absolvieren können.

6.2.1.2 Blöcke

Wir haben nun einen Übungsblock für unser Hinweisreizparadigma erstellt. Nun fehlt nur noch der eigentliche Experimentalblock, d. h., wir wollen noch einen zusätzlichen Block für die eigentliche Datenanalyse. Übungs- und Experimentalblöcke sind de facto ident, außer dass es mehr Experimentaldurchgänge als Übungsdurchgänge geben soll. Machen wir uns an die Arbeit!

1. Bauen wir dieselbe Struktur von *Loop*- und *Sequence*-Items. Ziehen Sie dafür zunächst ein *Loop*-Item auf das *Practice_Peripheral*-Loop-Item und wählen *Nach Practice_Peripheral einfügen* und benennen Sie das neue Item in *Main_Peripheral* um.

2. Fügen Sie, wie im *Practice_Peripheral*-Loop-Item die Variable *practice* ein und fügen Sie in der Zeile darunter *no* ein.
3. Fügen Sie ein Sequence-Item in *Main_Peripheral* ein und benennen es in *Main_Seq_Peripheral* um.
4. Fügen Sie ein *Loop*-Item in *Main_Seq_Peripheral* ein und benennen es in *Main_Trials_Peripheral* um.
5. Bevor wir uns wieder die Mühe machen, alle Durchgänge wie in *Practice_Trials_Peripheral* händisch zu deklinieren, kopieren wir die Trialtabelle aus *Practice_Trials_Peripheral* und fügen diese Tabelle in *Main_Trials_Peripheral* ein. Das alles erfolgt mittels simplen *Copy-and-Paste*.
6. Ändern Sie in *Main_Trials_Peripheral* den Parameter *Wiederhole jeden Durchgang 1,00×* in *Wiederhole jeden Durchgang 13,00x*. Das bedeutet, dass jeder Durchgang 13-mal wiederholt wird, die Versuchspersonen also 104 Versuchsdurchgänge absolvieren.
7. Letzter Schritt: Wählen Sie die *Trial_Seq_Peripheral-Loop* mittels Rechtsklick aus und wählen die die Option *Kopieren (verknüpft)* und fügen diese Kopie mittels Rechtsklick in *Main_Trials_Peripheral* ein. Auf diese Weise können Sie Änderungen an den Bildschirmen vornehmen, die sowohl für Durchgänge im Übungs- als auch für Experimentaldurchgänge übernommen werden.

Lernziele

Vergewissern Sie sich, dass Sie verstehen, wie und warum wir das Experiment bislang so aufgebaut haben, wie wir es gemacht haben. Übersetzen Sie die Struktur des Experiments in eigene Worte. Was sagen wir OpenSesame mit jeder dieser Strukturen?

Wichtig: Wie bei allen Dingen, die mehr oder weniger mit Programmieren zu tun haben, gibt es zu jedem Ziel mehrere Wege. Sollten Sie eine experimentelle Architektur vor Augen haben, die zum selben Ergebnis kommen sollte, probieren Sie diese aus!

6.2.2 Zentrale Hinweisreize

Nun haben wir die erste Hälfte unseres Experiments gemeistert. Auch wenn Sie bis jetzt vermutlich mehr den Anweisungen hier gefolgt sind, das Verständnis über die korrekte Architektur verfestigt sich mit jedem neu erstellten Experiment

6.2 Design in OpenSesame

mehr und mehr. Unser nächster Block ist komplett gleich aufgebaut wie der erste Block. Auch das Experiment per se ist beinahe ident. Lediglich der periphere Hinweisreiz verwandelt sich nun in einen Pfeil, der etwas über dem Fixationspunkt präsentiert wird (Abb. 6.8).

In diesem Fall bietet es sich an, die komplette Struktur des ersten Blocks zu übernehmen. Beginnen Sie den neuen Block, indem Sie ein Loop-Item auf das *Peripheral*-Loop-Item ziehen und die Option *Nach Peripheral einfügen* auswählen. Sie sehen, dass Ihr neues Loop-Item hierarchisch auf derselben Ebene ist wie das *Peripheral*-Item.

Den wichtigsten Schritt haben Sie somit getan. Nun erstellen Sie selbstständig eine Struktur, die identisch mit der Struktur von *Peripher* ist. Der einzige Unterschied ist, dass Sie überall, wo zuvor *"..._Peripheral"* eingefügt wurde, nun *"..._Central"* einsetzen. Das dient der Übersichtlichkeit des Experiments. Am Ende sollte Ihr Experiment aussehen wie in Abb. 6.9.

OpenSesame gibt eine Warnung aus, wenn es mehrere unverbundene Logger gibt. Mit einem Datenverlust ist nicht zu rechnen, wenn man mit der Standardeinstellung *Protokolliere alle Variablen (empfohlen)* arbeitet. Die elegante Lösung ist es jedoch, die beiden Logger_Central zu löschen und den Logger aus dem ersten Block verknüpft in den zweiten Block zu kopieren. Die Endung „_Peripheral" ist dann beim Logger natürlich sinnlos. Benennen Sie den Logger einfach Logger.

Nehmen Sie nun folgende Änderungen am Central-Block vor, bevor wir uns dem Cue-Bildschirm widmen:

1. Erstellen Sie im *Central*-Loop-Item die Variable *block* (wie im *Peripheral*-Loop-Item) und geben Sie den Wert *central* in der Zeile darunter ein.
2. Erstellen Sie im *Practice_Central*-Loop-Item die Variable *practice* und geben Sie in der Zeile darunter den Wert *yes* ein.

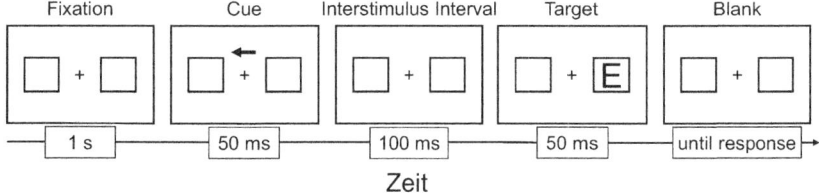

Abb. 6.8 Hinweisreizparadigma mit zentralem Hinweisreiz

Abb. 6.9 Die Struktur unseres neuen Blocks „Central"

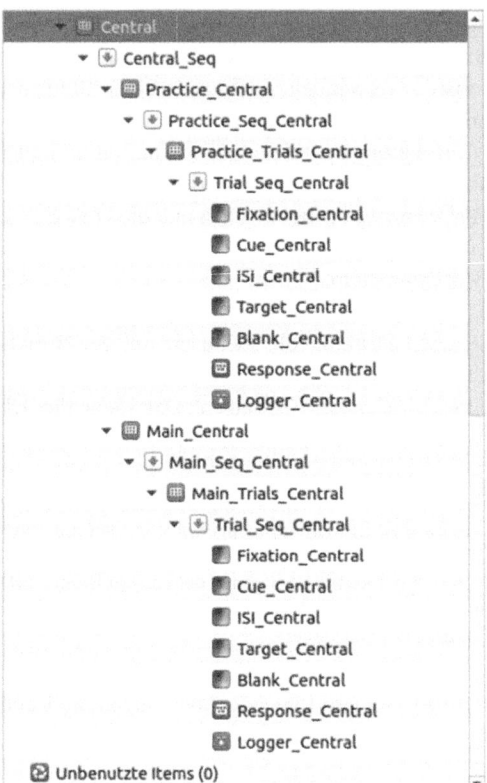

3. Erstellen Sie im *Main_Central*-Loop-Item die Variable *practice* und geben Sie in der Zeile darunter den Wert *no* ein.
4. Kopieren Sie die Trialtabelle entweder aus *Practice_Trials_Peripheral* oder *Main_Trials_Peripheral*, fügen Sie die Tabelle in *Practice_Trials_Central* und *Main_Trials_Central* ein und ändern Sie in der Spalte *cue_pos* alle negativen Werte zu *left* und alle positiven Werte zu *right*.

Jetzt haben wir alle Durchgänge, die wir im Block mit dem zentralen Hinweisreiz präsentieren wollen. Doch wie präsentieren wir die Pfeile? Wir werden die Pfeile als Bilder in das Experiment hineinladen. Sie können die Pfeile als PNG-Dateien im Downloadbereich von https://psyexp.shinyapps.io/daten-toolbox/ herunterladen *(Pfeile.zip)*.

6.2 Design in OpenSesame

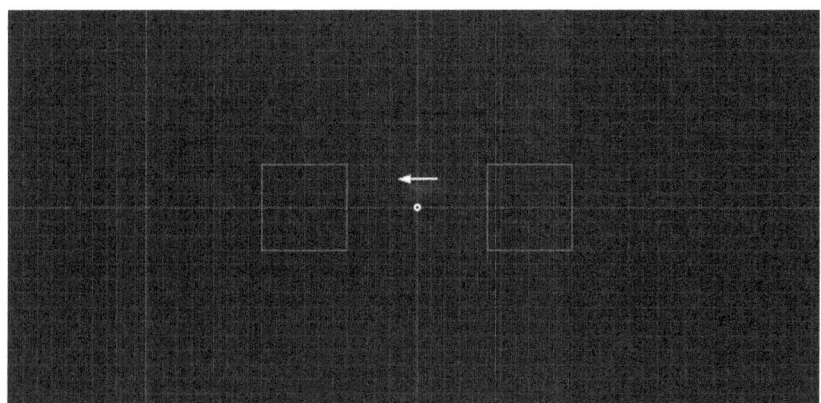

Abb. 6.10 Unser Cue-Bildschirm mit eingefügtem Bild als Hinweisreiz

Laden Sie im nächsten Schritt die heruntergeladenen Bilder in OpenSesame. Öffnen Sie hierzu die Dateisammlung (das Ordnersymbol in der oberen Werkzeugleiste) und klicken Sie auf das grüne Plus-Symbol. Wählen Sie im Dialogfenster die Bilder aus.

Öffnen wir nun das *Cue_Central*-Sketchpad und wählen das Bildwerkzeug (das Symbol mit den zwei Berggipfeln neben dem Sketchpad) aus. Tippen Sie mit dem Stift an eine Position leicht über dem Fixationspunkt und wählen Sie entweder *white_arrow_left.png* oder *white_arrow_right.png*. Sie finden neben dem Feld für Dauer ein Feld Skalierung. Ändern Sie die Größe des Pfeils, bis er in etwa so groß ist wie in Abb. 6.10.

Sie werden nun vielleicht bereits etwas gemerkt haben: Unsere *cue_pos*-Variable hat die Ausprägungen *left* und *right* und die Bilder haben die Endungen „..._left.png" und „..._right.png". Lassen Sie mich ehrlich zu Ihnen sein: Das ist kein Zufall. Ebenso wie wir in der *Cue_Peripheral*-Skriptansicht den Wert der *x*-Koordinate durch den Wert der Variable [*cue_pos*] ersetzt haben, können wir einen Teil des Dateinamens des Bildes durch den Wert einer Variable ersetzen.

Öffnen wir die Skriptansicht des *Cue_Central* und ändern den file-Parameter von *white_arrow_left.png* auf *file = white_arrow_[cue_pos].png*. Das wars. So einfach. Schön!

6.2.2.1 Neuen Block testen

Wenn Sie nun ihren neuen Block durchführen wollen, werden Sie feststellen, dass Sie zuerst den kompletten ersten Block mit den peripheren Hinweisreizen erledigen müssten, um dann erst feststellen zu können, ob Ihr Experiment läuft. Gut, dass es hier Trick 17 gibt.

Klicken Sie auf das zweite Item im Überblick *(experiment)*. Dort sehen Sie nun eine kurze und knappe Zusammenfassung ihres Experiments: ein Sketchpad-Item namens Instructions, ein Loop-Item namens Peripheral und ein Loop-Item namens Central (Abb. 6.11). Daneben finden Sie den Beginn eines Konditionalsatzes: *Durchführen, wenn*.

Standardmäßig steht in der dazugehörigen Spalte *always*. Das bedeutet, dass OpenSesame die entsprechenden Items immer durchführt.

In dieser Spalte könnte man nun beliebige Bedingungen angeben. Zum Beispiel könnte man OpenSesame sagen, dass ein spezifisches Item nur durchgeführt werden soll, wenn die Versuchspersonennummer 12 ist („`[subject_nr] == 12`") oder wenn die Versuchsperson eine ungerade Versuchspersonennummer hat („`[subject_parity] == 'odd'`").

Warum " == "?

Das Gleichheitszeichen hat in vielen Programmiersprachen eine besondere Bedeutung. Ein einfaches Gleichheitszeichen wird zur Zuweisung eines Wertes zu einer Variablen verwendet. So bedeutet z. B.

a = 3,

dass die Variable *a* den Wert *3* annehmen soll.
Schreibt man jedoch

a == 3,

so fragt man, ob die Variable *a* den Wert *3* hat.
Kurz gesagt:
a = 3 → a *ist gleich* 3.
a == 3 → *Ist* a *gleich* 3?

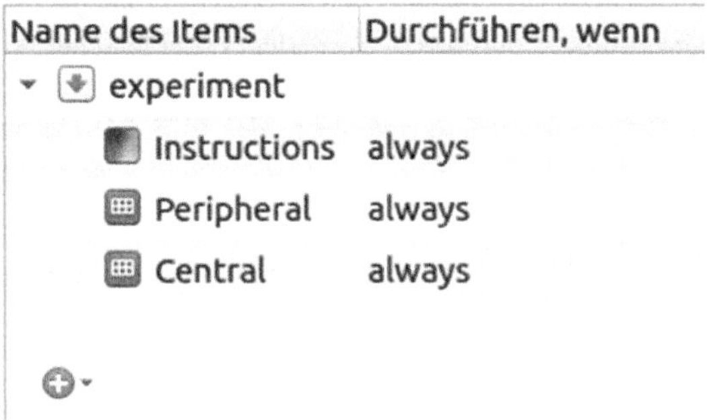

Abb. 6.11 Die experiment-Sequenz

Name des Items	Durchführen, wenn
▼ experiment	
Instructions	always
Peripheral	always
Central	always

Um nun den *Peripher*-Block zu überspringen, machen Sie einen Doppelklick auf das *always* daneben. Ändern Sie *always* zu *never*. Wenn Sie das Experiment nun durchführen, starten Sie sofort mit dem *Central*-Block.

Wichtig: Vergessen Sie nicht, am Ende das *Durchführen wenn*-Argument wieder auf *always* zurückzusetzen.

In den nächsten Schritten werden wir lernen, wie wir den Versuchspersonen Feedback geben und Pausen ermöglichen können. Vergewissern Sie sich, dass Ihr Experiment gleich aussieht wie meines. Zur Kontrolle können Sie die momentane Version des Experiments auf der gleichen Seite wie die Hinweisreize des zweiten Blocks herunterladen.

6.3 Feedback und Pausen

6.3.1 Feedback

Feedback ist super. Nicht nur Lehrende freuen sich ganz besonders auf die letzte Lehrveranstaltungseinheit, in denen Sie ihre Ein-, Wert- und/oder Abschätzung zur Lehrveranstaltung kundtun können. Nein, auch Versuchspersonen bekommen ganz glasige Augen, wenn Sie nach den Durchgängen im Experiment Feedback zu ihrer Leistung erhalten.

Aber jetzt im Ernst: Feedback hat nicht nur einen offensichtlichen Nutzen in den Übungsphasen eines Experiments, in der Versuchspersonen mit der Aufgabe vertraut werden sollen. Bestimmte Arten von Feedback während des Experiments können präventiv gegen unerwünschte Effekte verwendet werden. So kann ein *Zu langsam!*-Feedback nach einem Durchgang Versuchspersonen dazu animieren, schneller zu antworten, was in weiterer Folge sog. *Speed-Accuracy-Trade-Offs* verhindern kann. Zudem könnte das Darbieten von *Falsch!*-, nicht jedoch von *Korrekt*-Feedbacks eine Motivation sein, so korrekt wie möglich zu antworten – denn sind wir uns ehrlich: Je schneller die Versuchsperson aus dem Experiment herauskommt, desto zufriedener ist sie.

Wir werden hier lediglich das *Wrong*-Feedback umsetzen. Sie können das *Zu langsam!*-Feedback zur Übung selbst erstellen. Ziehen wir ein Feedback-Item (Abb. 4.2.4) in die Trial-Sequenzen *Trial_Seq_Peripher* und *Trial_Seq_Central*, und zwar nach den *Logger*-Items. Taufen wir das Feedback-Item *wrong_peripher* bzw. *wrong_central*. Schreiben Sie *Falsche Antwort* auf den Bildschirm und setzen die Dauer auf 495 ms.

Klicken Sie nun auf eines der folgenden Items: *Trial_Seq_Peripher* oder *Trial_Seq_Central* (Sie müssen den folgenden Schritt dann für die übriggebliebene Sequenz wiederholen). Klicken Sie mit einem Doppelklick auf das *Durchführen, wenn*-Statement neben dem neuen *Feedback*-Item und ändern always zu [correct] == 0. Wir sagen OpenSesame somit, dass das *Feedback*-Item wrong nur dann gezeigt werden soll, wenn die Variable correct in einem Durchgang den Wert 0 (= falsch) hat. Wenn die Variable jedoch den Wert 1 (= richtig) hat, dann soll die Folie nicht gezeigt werden.

6.3.2 Pausen

Wer arbeitet, soll auch Pausen machen können. Erschöpfte Versuchspersonen neigen zu langsameren und weniger akkuraten Antworten. Ganz abgesehen davon: Wir sind ja dankbar für die Teilnahme an unseren Experimenten, deshalb wollen wir die Testsituation so wenig belastend wie möglich gestalten. In vielen Experimenten können Versuchspersonen die Pausen daher so lange (oder kurz) gestalten, wie sie wollen. Dasselbe werden wir bei unserem Experiment machen.

Auch wenn um die 100 Durchgänge am Stück verkraftbar sind, unsere Versuchspersonen werden nach der Hälfte jedes Blocks (d. h. nach 52 *Main*-Durchgängen) die Möglichkeit zu einer Pause haben. Ziehen wir also ein normales *Sketchpad*-Item an die letzte Position in einer *Trial*-Sequenz (wie bereits weiter oben muss dieser Schritt separat für die *Trial_Seq_Peripher* und *Trial_Seq_Central* Sequenzen gemacht werden). Das neue Sketchpad nennen wir nun *Pause_Peripher* bzw. *Pause_Central*. Klicken wir wieder auf die Sequenz eines Trials und klicken das *Durchführen, wenn*-Argument mittels Doppelklick. Wir machen uns nun wieder eine Variable zunutze, die OpenSesame automatisch loggt. OpenSesame nimmt nämlich von jeder Sequenz auf, wie oft diese wiederholt wurde. Das bedeutet, die Variable *[count_Trial_Seq_Central]* wächst in jedem Durchgang um den Wert 1. Geben wir also im Durchführen, wenn-Argument „*[count_Trial_Seq_Central]* == *51*" ein. Warum aber 51 und nicht 52? Nun, es ist eine etwas gewöhnungsbedürftige Eigenheit von Python (auf dem OpenSesame ja beruht), dass es nicht bei 1 zu zählen beginnt, sondern bei 0. Das bedeutet, dass „count_Trial_Seq_Central == 51" eigentlich für Durchgang 52 steht.

6.4 Balancieren

Wenn zu erwarten ist, dass die Erfahrung von Versuchspersonen aus dem ersten Block einen Einfluss auf deren Leistung im zweiten Block haben könnte (dieser sog. „Carry-Over-Effekt" wurde bereits an anderer Stelle diskutiert), sollte man diese Effekte über Versuchspersonen ausbalancieren. Das bedeutet, dass die Hälfte der Versuchspersonen das Experiment mit Bedingung A beginnt und im zweiten Block Bedingung B absolviert, während dies bei der zweiten Hälfte der Versuchspersonen genau umgekehrt geschieht. Stellen Sie sich vor, ein/e nette/r Reviewer/in bemängelt an unserem Experiment, dass es doch sein könnte, dass die Übung im ersten Block, die peripheren Hinweisreize zu ignorieren, das Vermögen der Versuchspersonen, die Hinweisreize im zweiten Block, also den zentralen Hinweisreiz, besser zu ignorieren, dann können wir kaum etwas Sinnvolles darauf antworten. Es ist stets empfehlenswert, sich gegen solche (egal wie legitimen) Einwände mit einem ausbalancierten und guten experimentellen Design zu schützen.

Deshalb werden wir nun auch unser Experiment gehörig ausbalancieren. Öffnen wir dazu das *experiment*-Sequenz-Item, in dem wir *Instruction, Peripheral* und *Central* aufgelistet sehen. Erstellen wir jeweils von *Peripheral* und *Central* **verknüpfte Kopien** und ordnen Sie wie folgt an:

1. Instructions
2. Peripheral
3. Central
4. Central
5. Peripheral

Die Anordnung mag etwas umständlich sein, da OpenSesame nicht kooperiert, wenn wir beispielsweise *Central* verknüpft kopieren und dann direkt auf *Central* ablegen und bei *Central* einfügen wollen. Aber Sie schaffen das schon mit etwas Hin-und-Her (#towerofhanoi).

Wenn Sie diese Ordnung nun erreicht haben, ändern Sie das *Durchführen, wenn*-Argument von *Peripher* (2.) und *Central* (3.) auf „`[subject_parity]` = = `'even'`" und das *Durchführen, wenn*-Argument von *Central* (4.) und *Peripher* (5.) auf „`[subject_parity]` = = `'odd'`". Ihr Resultat sollte aussehen wie in Abb. 6.12.

Was haben wir jetzt gemacht? Wie bereits mehrfach erwähnt, führt Open-Sesame einzelne Items chronologisch durch, d. h. von oben nach unten. Wenn ich jetzt beispielsweise Versuchsperson Nummer 2 (gerade Zahl) teste, dann geht

Name des Items	Durchführen, wenn
▼ ⊞ experiment	
🅸 Instructions	always
⊞ Peripheral	[subject_parity]=="even"
⊞ Central	[subject_parity]=="even"
⊞ Central	[subject_parity]=="odd"
⊞ Peripheral	[subject_parity]=="odd"

Abb. 6.12 Die experiment-Sequenz nach der Balancierung

OpenSesame die *experiment*-Sequenz wie folgt durch: *Führe Peripher durch, wenn die Versuchspersonennummer gerade ist* → trifft zu, führe Peripher durch → führe Central durch, wenn die Versuchspersonennummer gerade ist → trifft zu, führe Central durch → führe Central durch, wenn die Versuchspersonennummer ungerade ist → trifft nicht zu, führe Peripher nicht durch …

Bedingungen, die nicht zutreffen, werden nicht durchgeführt, und Bedingungen, die zutreffen, werden in der Reihenfolge durchgeführt, wie sie im Experiment erstellt wurden.

6.5 Inline-Skript: Randomisierte Fixationsdauer

In diesem Abschnitt werden wir uns ansehen, wie wir mithilfe eines Inline-Skripts die Dauer des Fixationsbildschirmes zufällig zwischen 800 und 1400 ms variieren können. Im Rahmen eines Cueing-Experiments ist das für gewöhnlich nicht unbedingt notwendig, nehmen wir jedoch einmal an, wir wollen messen, wie schnell Versuchspersonen auf einen einzelnen Reiz reagieren: Ein stets gleich langes Intervall vor der Darbietung eines Reizes könnte zur Folge haben, dass die Versuchspersonen das Auftreten des Reizes bereits antizipieren und nicht mehr die Antwort als Reaktion auf den Reiz ausführen, sondern weil sie sich an die fixierten Intervalle gewöhnt haben und schlicht in regelmäßigen Intervallen eine Antwort geben. Was haben wir in diesem Fall also gemessen? Die Geschwindigkeit der Reizdetektion? Die Fähigkeit der Versuchsperson, das Auftreten des

6.5 Inline-Skript: Randomisierte Fixationsdauer

Reizes vorherzusagen? Beide Möglichkeiten können leider nicht ausgeschlossen werden. Wie können wir nun also ausschließen, dass Versuchspersonen das Auftreten eines Reizes vorhersagen können? Ganz einfach: Wir variieren den Zeitpunkt, an dem der Reiz auftritt. In unserem soeben erstellten Hinweisreizparadigma variieren wir nun die Zeit, nach der der Hinweisreiz nach dem Beginn des Durchgangs auftritt.

Prinzipiell stehen uns zwei Wege zur Verfügung, diese Variation in OpenSesame zu implementieren:

1. **Fixationsdauer als Variable in die Trialtabelle einschließen:** Prinzipiell ist es möglich, zusätzlich zu den Variablen, die wir in den Trialtabellen definiert haben (*cue_pos, target_pos, letter*), noch eine zusätzliche Variable Namens *dur* (kurz für das englische *duration,* wobei die Benennung natürlich individuell bestimmt werden kann) zu erstellen und alle möglichen Dauern mit allen möglichen Kombinationen durchzudeklinieren. Die dabei entstandene Tabelle könnte dann beispielsweise so aussehen:

dur	cue_pos	target_pos	letter	correct_response
800	−256	256	E	y
850	−256	256	E	y
900	−256	256	E	y
950	−256	256	E	y
...	...	...	...	...

Prinzipiell ist dieses Vorgehen durchaus möglich, bringt jedoch mehrere Nachteile mit sich. Zum einen ist sie recht aufwendig, da alle möglichen Kombinationen aller relevanten Faktoren korrekt aufgelistet werden müssen. Auch wenn es uns manchmal schwerfallen mag, es anzuerkennen, aber wir sind nicht perfekt. Das bedeutet, dass uns bei der Erstellung der Durchgänge (häufig) Fehler unterlaufen können, die unsere Ergebnisse schlimmstenfalls verfälschen könnten. Es kann beispielsweise passieren, dass wir einige kurze Fixationsdauern eher in validen Durchgängen realisieren, die langen Fixationsdauern eher in invaliden, aber nur, wenn der Hinweisreiz rechts erscheint etc. Solche Fehler können nicht nur aufgrund von Unaufmerksamkeit passieren, sondern schlicht daher, dass mit einer steigenden Anzahl an Faktoren die Anzahl an möglichen Faktorkombinationen exponentiell ansteigt. Hier den Überblick zu verlieren ist daher leicht möglich und auch verständlich.

Die steigende Anzahl der möglichen Kombinationen führt auch zu einem weiteren Problem: Die Anzahl der möglichen Kombinationen kann die Anzahl der von uns gewünschten Durchgänge schnell übersteigen. Nehmen wir beispielsweise an, wir wollen unser 2×2-Design in 100 Durchgängen testen. Wenn wir nun die Dauer des Fixationsbildschirmes als zusätzliche Variable in 16-ms-Schritten variieren wollen (da die minimale Präsentationsdauer bei einem Monitor mit 60 Hz 16,67 ms beträgt) und dabei die jeweiligen Fixationsdauern für jede Faktorstufenkombination gleich wahrscheinlich haben wollen, dann ergeben sich insgesamt 304 mögliche Durchgänge (2*2*38) – mehr, als wir durchführen wollen.

Wie entscheiden wir uns also dafür, welche 100 Durchgänge aus diesen 304 Durchgängen gezogen werden? Nun, wir könnten pro Versuchsperson 100 Durchgänge ziehen, in denen jeweils gleich viele valide wie invalide Durchgänge zu finden sind und die Fixationsdauern insgesamt über die Versuchspersonen mit der Validität der Hinweisreize unkorreliert sind. Klingt anstrengend? Ist es auch. Alternativ könnten wir alle möglichen Durchgänge in OpenSesame auflisten und dann in der Option *Wiederhole jeden Durchgang 0,33* angeben (100/304 $\approx$ 0,33). OpenSesame zieht in diesem Fall nur 100 Durchgänge aus den vorhandenen 304, wodurch wir wieder unsere gewünschte Anzahl an Durchgängen haben. Das Problem ist nur, dass wir nicht vorhersagen können, welche Durchgänge OpenSesame nun genau zieht. Es wäre möglich (wenn auch unwahrscheinlich), dass OpenSesame 80 invalide Durchgänge zieht und 20 valide, ein Szenario, das es absolut zu vermeiden gilt.

2. **Fixationsdauer nach dem Zufallsprinzip von Durchgang zu Durchgang determinieren:** Alternativ können wir auch OpenSesame bzw. Python die Präsentationsdauer des Fixationsbildschirms selbst vor jedem Durchgang selbst determinieren lassen. Streng genommen, könnte es zwar wieder sein, dass zufällig eher längere oder kürzere Darbietungsdauern in bestimmten Faktorkombinationen vorkommen (wir können den Zufall letztlich nicht kontrollieren), jedoch fallen mit dieser Vorgehensweise Probleme weg, mit denen wir mit der soeben diskutierten Möglichkeit der händischen Erstellung aller möglichen Durchgänge konfrontiert wären. Zum einen werden die Durchgänge immer noch aus unserer Trialtabelle gezogen, in denen wir die Faktorstufen korrekt balanciert haben. Das bedeutet, dass es ausgeschlossen ist, dass es mehr valide als invalide Durchgänge gibt (nur zur Erinnerung, wir streben ein 50:50-Verhältnis an). Zum anderen mag es eben sein, dass zufällig eine Versuchsperson tendenziell längere Fixationsdauern in invaliden oder validen Durchgängen hat. Da aber die Präsentationsdauern des Fixationsdisplays vor

jedem Durchgang bei jeder Versuchsperson neu determiniert wird, sind sie unsystematisch. Hätten wir wiederum beim Erstellen der Trialtabellen einen Fehler gemacht, dann wären alle Versuchspersonen mit demselben Problem konfrontiert und der Fehler wäre systematisch.

Lange Rede kurzer Sinn: Lassen Sie uns endlich programmieren!

6.5.1 Das Inline-Skript Plugin

Nun ja, Sie haben sich etwas zu früh gefreut. Wer wäre ich denn, würde ich nicht auch noch einen kleinen Hirtenbrief zum Inline-Skript Plugin (Abb. 4.2.10) verfassen? Das Inline-Skript Plugin stellt die Schnittstelle zwischen dem GUI von OpenSesame und der zugrundeliegenden Programmiersprache Python dar. Wir können das Plugin an eine für uns relevante Stelle ziehen und in einem kleinen Code-Editor unseren Python-Code schreiben, den OpenSesame dann umsetzen soll. Uns sind (beinahe) keine Grenzen gesetzt, was wir mit dem Inline-Skript Plugin anstellen können. Wir können ganze Bildschirme mithilfe eines Inline-Skripts erstellen und präsentieren, Variablen definieren und berechnen, eigene Bedingungen definieren, in denen ein bestimmtes Ereignis stattfinden soll und so weiter und so fort.

Doch an welche Stelle sollte man sein Inline-Skript Plugin im eigenen Experiment ziehen? Wie bereits an anderen Stellen erwähnt, geht OpenSesame chronologisch vor: Die Elemente im Überblick (der Darstellung der Experimentalstruktur am linken Bildschirmrand) werden der Reihe nach ausgeführt. Das bedeutet, dass wir, wenn wir beispielsweise innerhalb eines Durchgangs mithilfe eines Inline-Skripts eingreifen wollen, das Plugin an eine Stelle innerhalb des Durchgangs ziehen müssen, dass chronologisch vor dem gewünschten Ereignis von OpenSesame ausgeführt wird. In unserem Fall bedeutet das also, dass wir das Plugin innerhalb des Durchgangs (also in *Trial_Seq...*) vor dem Fixationsbildschirm platzieren müssen.

Doch leider, bei aller Vorfreude, die bei Ihnen zweifellos schon herrscht: So weit sind wir noch nicht. Wie in den meisten Programmiersprachen sind auch bei Python nicht alle Funktionen, die wir benötigen, standardmäßig enthalten. Stattdessen stehen uns sogenannte Libraries (oder auch Packages) zur Verfügung, die eine Sammlung von thematisch zusammenhängenden Funktionen beinhalten. So kann es etwa Libraries geben, die ausschließlich statistischen Analysen gewidmet sind, während andere Libraries Funktionen beinhalten, die für die Astrophysik von besonderer Relevanz sind. Die Logik, warum nicht gleich alle existierenden Funktionen standardmäßig in Python verfügbar sind, liegt auf der Hand: Kaum jemand benutzt regelmäßig alle verfügbaren Funktionen, da wir uns zunehmend in immer kleiner werdende Fachbereiche zersetzen und nur noch in immer kleiner werdenden Bereichen tätig sind. Das bedeutet, dass es eine vollkommen überflüssige Ressourcenverschwendung wäre, wenn wir stets alle Funktionen zur Verfügung hätten.

Ein wichtiger erster Schritt ist es daher, die von uns benötigten Libraries in OpenSesame zu laden. Ziehen wir dazu ein Inline-Skript Plugin ganz an den Anfang des Überblicks, benennen es in *StartScript* um und öffnen es mittels anklicken. Geben tippen sie dann in das dunkel hinterlegte Feld die folgenden Zeilen ein:

```
1    # load required packages
2    import random
```

Was haben wir hier gerade gemacht? Nun, ein allzu groß es Geheimnis sollte es nicht sein: Wir haben soeben die Library bzw. das Package `random` importiert. Genauer gesagt, hat die zweite Zeile das bewerkstelligt. Die erste Zeile beinhaltet einen Kommentar. Generell ist es sehr (**sehr!**) wichtig, jedweden Code ausführlich und verständlich zu kommentieren. Das erleichtert es nicht nur, den Code mit Kolleginnen und Kollegen auszutauschen und den Code für diese verständlicher zu machen. Nein, sogar wenn man nach einiger Zeit auf einen selbstgeschriebenen Code schaut, wundert man sich oft, was man da eigentlich so genau aufgeführt hat.

Kommentare erstellt man, indem man vor dem Kommentar ein Doppelkreuz („Hashtag") setzt. Python (und somit auch OpenSesame) weiß dann, dass die nachfolgenden Zeichen keinen Code beinhalten, und versucht daher auch gar nicht, diesen Code durchzuführen. Erstreckt sich ein Kommentar über mehrere Zeilen, dann muss man am Beginn jeder Zeile ein Doppelkreuz setzen. Umgekehrt bedeutet das, dass man nach einem Kommentar in der nächsten Zeile wieder einen ganz gewöhnlichen Code schreiben kann.

„*import random*" ist der Befehl, mit dem man Python sagt: „*Ich möchte im Folgenden das Paket random verwenden. Importiere also (bitte) alle Funktionen, die in diesem Package zu finden sind.*" Gut, damit haben wir die erste Hürde genommen.

Nun gehts ans Eingemachte. Nehmen wir ein neues Inline-Skript Plugin und ziehen es an den Beginn eines Durchgangs, also noch vor *Fixation_Peripheral*

6.5 Inline-Skript: Randomisierte Fixationsdauer

oder *Fixation_Central* und benennen es in *TrialScript* um. Wichtig ist es, dass wir dieses TrialScript am Beginn eines jeden Trials haben wollen, unabhängig davon, ob der Hinweisreiz ein zentraler Pfeil oder ein peripherer Kreis ist. Da das Inline-Skript überall gleich aussehen soll, können Sie es als verknüpfte Kopie an den Beginn der anderen Trial-Typen ziehen.

Wenn Sie das gemacht haben, ersetzen wir die bisherigen 995 im Feld Dauer der beiden Fixationsbildschirme (*Fixation_Peripheral* und *Fixation_Central*) mit „*[dur]*". Wir sagen OpenSesame also, dass die Dauer, für wie lange der Fixationsbildschirm gezeigt wird, durch die Variable *dur* bestimmt wird. Da wir diese Variable allerdings noch nicht definiert haben und sie auch nicht in unseren Trialtabellen auftaucht, müssen wir die von uns erstellte **Variable erst initiieren.** Gehen wir dafür wieder zu unserem StartScript und schreiben unterhalb des bereits existierenden Codes das Folgende:

```
1    # initiate variables
2    var.dur = 0
```

Leider ist OpenSesame hier etwas inkonsistent: Möchten wir OpenSesame außerhalb von Inline-Skripts sagen, dass es sich bei einem Wert um eine Variable handelt, schreiben wir den Variablennamen in eckige Klammern. Wollen wir allerdings innerhalb eines Inline-Skripts spezifizieren, dass es sich bei einem Wert um eine Variable handelt, die im Experiment verwendet werden soll, dann muss dem Variablennamen *var.* vorausgehen.

Hintergrundinformation
Spezifikation einer Variable in GUI:
    [Variablenname].
Spezifikation einer Variablen im Inline-Skript:
    var.Variablenname.

6.5.2 Prepare-Run-Strategie

Bevor wir uns weiter an die Arbeit machen, unsere Programmier-Skills zu beweisen, ist es wichtig, auf eine Eigenheit von OpenSesame einzugehen. OpenSesame funktioniert auf der Basis einer *Prepare-Run-Strategie*. Nehmen wir folgendes Beispiel: Wenn wir einen Bildschirm mit vier unterschiedlich gefärbten Quadraten zeigen wollen, dann muss der Code, der diese vier Quadrate und Farben definiert, ausgeführt werden. Moderne Computer sind zwar sehr schnell, jedoch nimmt jede Operation eine gewisse Zeit in Anspruch. Nachdem der zugrundeliegende Code Zeile für Zeile ausgeführt wird, würden die Quadrate minimal zeitversetzt auf dem Bildschirm auftauchen bzw., sollte die Präsentationsdauer zu kurz eingestellt sein, könnte es sein, dass gar nicht alle Quadrate fertiggezeichnet würden. OpenSesame umgeht dieses Problem, indem es die einzelnen Bildschirme (und Variablen) vor dem Beginn eines Durchganges vorbereitet (*prepare*-Phase) und dann zur von uns spezifizierten Zeit diese vorgefertigten Bildschirme auf dem Monitor erscheinen lässt (*run*-Phase). Das bedeutet, dass der Code für Reize und deren Eigenschaften bereits ausgeführt wird, bevor die Reize präsentiert werden.

In den Inline-Skripts wird uns angeboten, von dieser Strategie Gebrauch zu machen. Wie Sie vielleicht schon gesehen haben, gibt es zwei Reiter innerhalb des Inline-Skript Plugins: *Vorbereiten* und *Starten*. Bei den bisherigen Zeilen Code war es noch folgenlos, in welchem Reiter wir den Code geschrieben haben, da es zu Beginn des Experiments noch egal war, ob der Code etwas früher oder später ausgeführt wird. Er wurde in beiden Fällen ausreichend früh ausgeführt, bevor die Inhalte im Experiment relevant wurden.

Gehen wir nun aber wieder zurück zu unserem *TrialScript*. Hier ist es nun wichtig, dass wir die nächste Zeile Code in die *prepare/Vorbereiten*-Phase schreiben:

```
1    # pick random value between 800 and 1400 for variable dur
2    var.dur = random.choice(range(800, 1401))
```

Eine so kurze Zeile kann schon so viel beinhalten, das man erklären sollte. Die erste Zeile stellt, wie bereits bekannt, einen Kommentar dar. Dieser ist an sich schon recht selbsterklärend. Da viele unter uns jedoch vielleicht noch nicht besonders mit Python vertraut sind, gehen wir die zweite Zeile etwas genauer durch.

1. **var.dur = :** Hiermit geben wir an, dass wir der Variable *dur*, die in weiterer Folge von OpenSesame verwendet werden soll, jenen Wert zuweisen, der nach dem = -Zeichen folgt.
2. **random.choice():** Aus der im *StartScript* geladenen Library *random* verwenden wir die Funktion *choice*. Generell gibt man, wenn man in Python eine Funktion aus einer Library verwenden möchte, zunächst den Namen der Library, in dem sich eine Funktion befindet, an und trennt den Namen der

Library vom Namen der Funktion mit einem Punkt. Mit der Funktion *choice* kann man einen zufälligen Wert aus einer Sequenz ziehen.
3. **range(800, 1401)**: Hier definieren wir die Sequenz, aus der ein zufälliger Wert gezogen werden soll, und zwar aus einer Sequenz, die bei 800 beginnt und bei 1400 endet. Prinzipiell wäre es auch möglich, der *range()*-Funktion einen dritten Parameter hinzuzufügen, nämlich, in welchen Schritten vom Start- bis zum Endpunkt gegangen werden soll. So würde beispielsweise der Befehl *range(1, 10, 2)* zu einer Sequenz von 1, 3, 5, 7, 9 führen. Sollten Sie sich nun denken, dass *range(800, 1401)* (was zu einer Sequenz von 800 bis 1400 in Einserschritten führt) ja die Bildschirmwiederholungsfrequenz außer Acht lässt, haben Sie absolut Recht. In unserem Fall ist jedoch das exakte Timing der Fixationsdauer weniger relevant als die Tatsache, dass sie schlicht zufällig zwischen 800 und 1400 ms variiert.

Und mit diesen paar Zeilen und zwei Inline-Skript Plugins haben wir es mittels Python zuwege gebracht, den Zeitpunkt des Auftretens der Hinweisreize dem Zufall zu überlassen und so für die Versuchspersonen unvorhersehbar zu machen. Klopfen Sie sich mal kräftig auf die Schulter.

▶ **Tipp** Sollten Sie unsicher sein, ob die Skripte bei Ihnen funktionieren, schreiben Sie mithilfe eines Text-Elements *[dur]* auf die Mitte Ihres Fixationsbildschirmes. Auf diese Art wird der zufällig gezogene Wert, der die Präsentationsdauer angibt, auf den Fixationsbildschirm geschrieben. So sollten die kleinen Variationen in der Dauer besser erkennbar sein.

Eine Eigenheit von Python
Warum schreibt man nun aber *range(800, **1401**)*? Nun, das ist eine der Eigenheiten von Python, und es ist ratsam, sich das einfach zu merken, ohne im Moment zu viel ins Detail gehen zu müssen. Wie antiklimaktisch das jetzt klingt, ist mir schmerzlich klar. Es gibt in Python aber viele andere solcher Eigenheiten, sodass deren Aufzählung und Erklärung Sie womöglich abschrecken könnte, selbst ein wenig zu tüfteln, zu entdecken und zu verstehen. Möchte man beispielsweise wissen, welches Element sich an der ersten Position in einem Vektor oder einer Liste befinden (nennen wir diese einmal a), dann muss man sich diesen mit a[0] ausgeben lassen, da Python nicht bei 1, sondern bei 0 mit dem Zählen beginnt.

Übungsaufgaben

Verschönern Sie das Experiment noch zusätzlich und ergänzen Sie Folgendes im Experiment:

1. Fügen Sie einen Bildschirm im Experiment ein, der den Versuchspersonen sagt, dass die Übungsdurchgänge beendet sind und nun die eigentlichen Experimentaldurchgänge kommen.
2. Fügen Sie zwischen den beiden Blöcken einen Bildschirm ein, der den Versuchspersonen den nächsten Block erklärt. Achten Sie darauf, dass die Instruktionen für die unterschiedlichen Reihenfolgen (d. h. gerade und ungerade Versuchspersonennummern) korrekt angezeigt werden.
3. Fügen Sie ein „Zu langsam!"-Feedback ein, wenn Versuchspersonen langsamer als 1,5 s sind.
4. Fügen Sie ein Korrekt-Feedback ein, das gezeigt wird, wenn Versuchspersonen eine korrekte Antwort geben, aber nur im Training.

Visuelle Suche – Additional Singleton Paradigma

Nachdem wir nun unsere ersten Schritte in OpenSesame anhand des traditionsreichen Hinweisreizparadigmas von Posner (1980) gewagt haben, wenden wir uns nun einem experimentellen Paradigma zu, das speziell in der visuellen Aufmerksamkeitsforschung ebenfalls noch immer rege Anwendung findet: dem Additional Singleton Paradigma (ASP). Laden Sie sich bereits jetzt die Reize des ASP aus dem Downloadbereich der Onlinematerialien herunter *(ASP.zip)*.

7.1 Hintergrund und Design

Das ASP geht auf Theeuwes (1991, 1992) zurück und wird bis zum heutigen Tag noch regelmäßig in der Forschung verwendet. Die Versuchspersonen haben dabei eine sehr einfache Aufgabe: Sie sollen nach einer einzigartigen Form suchen (z. B. einem grünen Diamanten), die unter homogenen Distraktoren eingebettet ist (z. B. grüne Kreise). Diese Suche ist recht einfach, da Reize, die sich in einer Merkmalsdimension von allen anderen Reizen unterscheiden, in der Regel sehr leicht aufzuspüren sind (vgl. Bacon & Egeth, 1994; Treisman & Gelade, 1980). Bei dieser eben beschriebenen Bedingung handelt es sich um die Kontrollbedingung, die auch oft *„distractor absent trial"* genannt wird (vgl. Abb. 7.1 A). In der Hälfte der Durchgänge wird einer der grünen Distraktoren rot eingefärbt und stellt somit ein Farbsingleton dar (vgl. Abb. 7.1 B).

> **Was sind Singletons?**
>
> Als *Singleton* bezeichnet man jene Art von Reizen, die sich aufgrund eines Merkmals von allen anderen Reizen in einer Szene unterscheiden. Diese Beschreibung mag bereits bekannt klingen, da es sich bei dem grünen

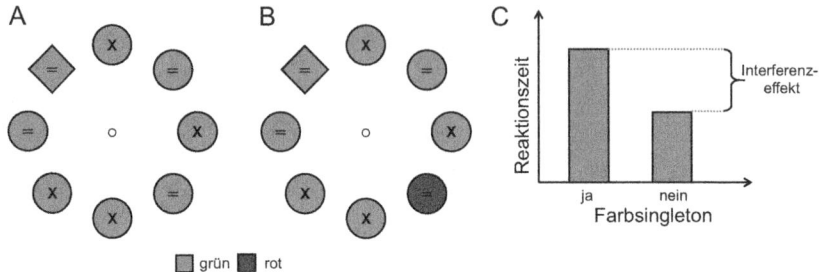

Abb. 7.1 (A) Beispiel für einen Durchgang ohne Farbsingleton. Versuchspersonen sollen den Zielreiz (grüner Diamant) suchen und möglichst schnell und akkurat berichten, ob sich im Zielreiz ein E oder H befindet. (B) Beispiel für einen Durchgang mit einem zusätzlichen, irrelevanten Farbsingleton. (C) Schematische Darstellung der für gewöhnlich gefundenen Ergebnisse: Reaktionszeiten (RTs) sind länger, wenn ein irrelevantes Farbsingleton im Suchbildschirm ist, verglichen mit Durchgängen, in denen kein Farbsingleton im Suchbildschirm ist. Die Differenz dieser beiden gemittelten RTs bezeichnet man als Interferenzeffekt

Diamanten ebenfalls um ein (Form-)Singleton handelt. Im Vergleich hierzu unterscheidet sich der rote Distraktor nicht durch seine Form, sondern durch seine Farbe von den anderen Reizen im Suchbildschirm und wird deswegen als *Farbsingleton* bezeichnet.◄

Alles schön und gut, aber was haben wir nun davon? Nun, Theeuwes demonstrierte mithilfe dieses Experiments, dass die RTs langsamer und die ERs höher waren, wenn ein zusätzliches, gänzlich aufgabenirrelevantes Farbsingleton im Suchbildschirm war, erglichen mit Durchgängen, in denen die Distraktoren einheitlich grün waren. Dieser sogenannte *Interferenzeffekt* (siehe Abb. 7.1 C) demonstriert laut Theeuwes (1992), dass auch ein völlig aufgabenirrelevanter Reiz die Aufmerksamkeit anzieht, wenn er nur salient (d. h. auffällig) genug ist. Verstärkt wird diese Interpretation dadurch, dass der rote Reiz niemals der Zielreiz sein konnte und das den Versuchspersonen auch bewusst war. Damit lieferte Theeuwes Evidenz für die Ansicht, dass die visuelle Aufmerksamkeit primär reiz- und nicht absichtsgesteuert ist.

Bottom-Up- vs. Top-Down-Aufmerksamkeitssteuerung

Es herrscht bereits seit langem die Debatte, ob unsere Aufmerksamkeit primär von Reizeigenschaften (also wie auffällig ein [visueller] Reiz ist; *bottom-up*) oder von den Absichten einer Person *(top-down)* gesteuert wird. Für beide

7.1 Hintergrund und Design

Ansichten gibt es viel und glaubwürdige Evidenz, was für ein abschließendes Urteil bekanntermaßen leicht von Nachteil ist. Neuere Ansätze legen allerdings ein intuitiv nachvollziehbares Zusammenspiel beider Faktoren nahe (z. B., Gaspelin & Luck, 2018).◄

Es ist wirklich eine schlechte Angewohnheit von mir, zu fragen, was wir nun von einem bestimmten Design haben und von irgendwelchen 30 Jahre alten Debatten zu schwafeln beginne. Aber das ASP ist auch für uns und ein vertieftes Verständnis von OpenSesame hilfreich, und das aus zwei Gründen:

1. Bei diesem Design handelt es sich, im Vergleich zum klassischen Hinweisreizparadigma, nicht um ein vollfaktorielles Design, da nicht alle Kombinationen von Formen, Farben und Positionen vorkommen können. Es ist nämlich nie möglich, dass der Diamant (Zielreiz) gleichzeitig das Farbsingleton ist. Das bedeutet, dass eine Trialtabelle in jedem Fall selbst erstellt werden muss, in der wir alle möglichen Durchgänge definieren müssen und uns nicht mehr auf OpenSesame verlassen dürfen, selbst alle gewünschten Durchgänge korrekt zusammenzuwürfeln. Beim Erstellen der Trialtabellen müssen wir also in der Lage sein, den Überblick zu behalten.
2. Wir werden eine Variable erstellen, die angibt, ob sich ein Farbsingleton im Bildschirm befunden hat oder nicht. Das ist zwar an sich keine besonders große Herausforderung, soll aber unser Gespür dafür schärfen, welche Variablen wir in die Trialtabelle mitaufnehmen können, damit uns die Auswertung später erleichtert wird.

Wie sieht es nun aber mit dem Design aus? In der Version, wie wir es durchführen werden, handelt es sich schlicht um ein einfaktorielles Design mit zwei Faktorstufen: Der Farbdistraktor kann entweder im Suchbildschirm enthalten sein oder nicht. Im Design von 1992 inkludierte Theeuwes noch einen zweiten Faktor, nämlich die Setsize, d. h. die Anzahl der Reize im Suchdisplay. Die Logik dahinter war, festzustellen, ob Versuchspersonen seriell oder parallel nach dem Zielreiz suchen konnten. Wenn die Suchzeit unabhängig von der Anzahl der Reize im Suchbildschirm in etwa gleich blieb, kann daraus geschlossen werden, dass die Suche einfach und parallel war. Steigt die Suchzeit hingegen mit der Anzahl der Reize im Suchbildschirm an, kann man daraus schließen, dass die Reize seriell abgesucht wurden (vgl. Treisman & Gelade, 1980). Da das ASP bereits sehr oft repliziert wurde und wir wissen, dass die Suche nach dem Zielreiz (d. h. dem Formsingleton) parallel verläuft, können wir diesen Faktor in unserem Design außen vorlassen und uns auf die relevante Manipulation, nämlich die An- und Abwesenheit des Farbsingletons konzentrieren.

Wie soll ein Durchgang unseres Experiments aber aussehen? Eine schematische Darstellung ist in Abb. 7.2 zu sehen. Ein Durchgang beginnt (wie in fast allen Experimenten zur visuellen Aufmerksamkeit) mit einem Fixationsbildschirm. In diesem Bildschirm ist lediglich ein Fixationspunkt zu sehen, der nach einer Sekunde größer wird, um die Versuchspersonen vorzuwarnen, dass der Suchbildschirm in Kürze auftauchen wird. 600 ms nach dem Warnsignal tauchen dann die Reize auf, die den Suchbildschirm definieren. Im Theeuwes-Experiment waren das vier, sechs oder acht Reize. Wir werden es uns etwas einfacher machen und lediglich vier Positionen/Reize wählen. In 50 % der Durchgänge sind nur grüne Reize im Bildschirm zu sehen (*singleton absent* Bedingung), während in den anderen 50 % einer der Distraktoren (Kreise) nicht grün, sondern rot ist (*singleton present* Bedingung).

Wir wissen bereits aus dem Abschnitt zu den Messwiederholungen, dass wir *mindestens* 25 Messwiederholungen zu jeder Faktorstufenkombination haben wollen. Wir haben allerdings nur einen zweistufigen Faktor, nämlich ob das zusätzliche Farbsingleton im Suchbildschirm anwesend ist oder nicht. Die exakte Position dieses Farbsingletons ist für uns nicht von besonderem Interesse, ebenso wenig wie die exakte Position des Zielreizes. Daher müssen wir diese beiden Eigenschaften nicht als eigenständige Faktoren betrachten, sondern lediglich versuchen, die Positionen so gut wie möglich zu balancieren (also, dass alle Positionen mit gleicher Wahrscheinlichkeit den Zielreiz oder den Farbdistraktor

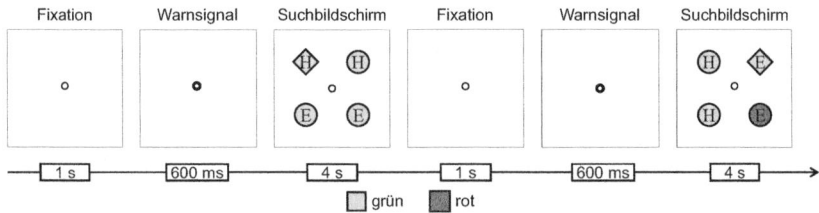

Abb. 7.2 Beispiel für zwei Durchgänge des Additional-Singleton-Paradigmas. Am Beginn eines Durchgangs sehen die Versuchspersonen für eine Sekunde einen Fixationspunkt. Danach folgt für 600 ms ein Warnsignal, das die Versuchspersonen auf den kurz bevorstehenden Suchbildschirm hinweist. Danach erscheint der Suchbildschirm, der entweder bis zu einer gegebenen Antwort sichtbar bleibt bzw. max. vier Sekunden, wenn die Versuchsperson bis dahin keine Antwort gibt. Die Bildschirmhintergründe werden in unserem Experiment schwarz sein

beinhalten). Doch lediglich 50 Durchgänge (25 Durchgänge ohne Farbsingleton + 25 Durchgänge mit Farbsingleton) sind für ein eigenständiges Experiment etwas dürftig. Daher sind wir in der angenehmen Lage, die Messgenauigkeit unseres Experiments zu erhöhen, ohne unsere Versuchspersonen vor eine unnötig unangenehme Aufgabe zu stellen. Daher werden wir 200 Durchgänge dieses Experiments erstellen (100 Durchgänge ohne Farbsingleton + 100 Durchgänge mit Farbsingleton).

7.2 Design in OpenSesame

Beginnen wir unser Experiment in OpenSesame damit, dass wir das Grundgerüst für unser Experiment erstellen. Genau wie beim Hinweisreizparadigma wollen wir, dass sich die Versuchspersonen zunächst mit der Aufgabe vertraut machen können und einen kurzen Übungsblock durchlaufen. Zudem wollen wir, dass das Farbsingleton unvorhersehbar auftritt, was bedeutet, dass wir nur eine Art von Block haben, in dem das Farbsingleton in 50 % der Durchgänge im Suchbildschirm ist und in den verbleibenden 50 % der Durchgänge nicht.

Beginnen wir also mit der absoluten Grundform unseres Experiments, so wie sie in Abb. 7.3 abgebildet ist. Obwohl wir wieder nur zwei Blöcke mit unseren gewünschten Durchgängen benötigen, fügen wir noch zwei zusätzliche *Loop*-Items in den Überblick ein, in die unsere Durchgänge eingebettet sind. Die Logik dahinter ist dieselbe wie bereits beim Experiment zum Hinweisreizparadigma: Werden die *Loop*- und *Sequence*-Items, die in einem übergeordneten *Loop*-Item eingebettet sind, mehrfach durchgeführt (etwa weil eine *Trial*-Sequenz mehrmals wiederholt wird), dann wird auch für jede Wiederholung die Variable gespeichert, die im übergeordneten Loop-Item zu finden ist. In unserem Fall wollen wir, dass in jedem Übungsdurchgang die Variable *Practice* mit der Ausprägung *yes* aufgezeichnet und gespeichert wird und in jeden Durchgang, den wir analysieren wollen, mit der Ausprägung *no*.

Dieses Vorgehen sollte uns so weit bereits bekannt sein. Wir wissen auch schon bereits, aus wie vielen Bildschirmen einer unserer Durchgänge bestehen soll, nämlich drei: einem Fixationsbildschirm (für eine Sekunde), einem Warnsignal (600 ms) und einem Suchbildschirm (maximal vier Sekunden). Die Versuchspersonen sollen ihre Antworten via Mausklick (linke vs. rechte Taste) geben. Ein Durchgang soll also so aussehen wie in Abb. 7.4. Gehen wir die einzelnen Items Schritt für Schritt durch:

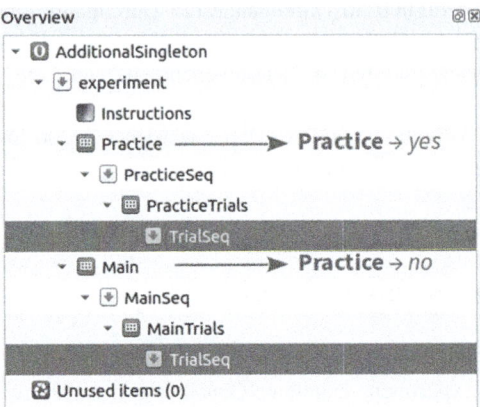

Abb. 7.3 Das Grundgerüst unseres Additional-Singleton-Paradigmas in OpenSesame. Eingezeichnet ist auch, was in den Loop-Items "Practice" und "Main" eingetragen ist. Es wurde beide Male die Variable "Practice" (fett gedruckt) erstellt und in der ersten Zeile darunter, welche Ausprägung die Variable Practice haben soll (kursiv gesetzt). WICHTIG: Die beiden Sequenzen "TrialSeq" sind **verknüpfte** Kopien

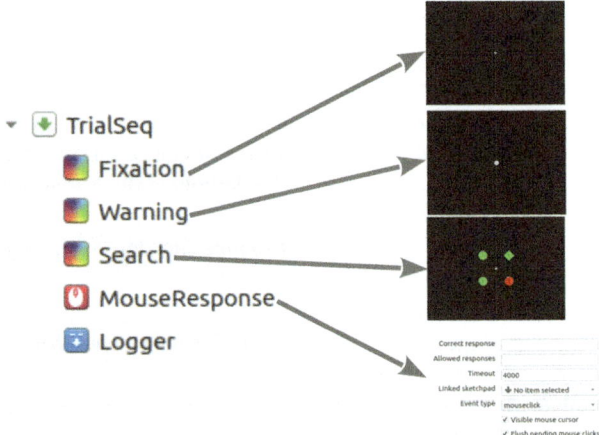

Abb. 7.4 Die Sequenz eines Durchganges (TrialSeq) und die schematische Abbildung der Inhalte der einzelnen darin enthaltenen Items

1. **Fixation:** *[Dauer: 995].* Hier handelt es sich um das Fixationsdisplay, das für eine Sekunde sichtbar bleibt. Wir zeichnen einen einfachen Fixationspunkt, indem wir das *fixdot*-Element auswählen und damit schlicht auf die Mitte des schwarz hinterlegten Bildschirms klicken.
2. **Warning:** *[Dauer: 595].* Das Warnsignal soll 600 ms vor dem Suchbildschirm auftauchen und aus einem Fixationspunkt bestehen, der größer ist als der aus dem Fixationsbildschirm. Zeichnen wir daher wieder ein fixdot-Element in die Bildschirmmitte und öffnen die Skript- oder geteilte Ansicht und ändern die Zeile

   ```
   draw fixdot color=white show_if=always style=default x=0 y=0 z_index=0
   ```

   in

   ```
   draw fixdot color=white show_if=always style="large-open" x=0 y=0 z_index=0
   ```

   um.

3. **Search:** *[Dauer: 0].* Das ist der eigentliche Suchbildschirm. Ordnen Sie beliebige Stimuli (die Sie wie gewohnt unter den oben angeführten online Ressourcen finden) in einem Quadrat an. Klicken Sie dazu das *image*-Element an und klicken Sie an jene Position, an die Sie einen Reiz zeichnen wollen.

Wählen Sie dann einen beliebigen Reiz aus, der sich in ihrer Dateisammlung befindet. Welche Reize Sie genau verwenden, ist dabei egal, Sie können auch fünfmal den gleichen Reiz zeichnen. In diesem Schritt geht es uns vorerst nur um die korrekte Skalierung (bei mir war diese 0,2) sowie die korrekte Position der Reize.

Wichtig: Zeichnen Sie die Reize im Uhrzeigersinn auf dem Bildschirm, beginnend mit der Position links oben. Für das Additional-Singleton-Paradigma ist das nicht absolut wichtig, für eine Vielzahl von anderen Designs allerdings schon. Sinn der Anordnung der Reize im Uhrzeigersinn ist, dass die Python-Befehle, die die Reize zeichnen und in der Skript-Ansicht einsehbar sind, der Reihe nach eingetragen werden. Wir wissen dann also, dass sich der erste Befehl im Skript, der einen Reiz zeichnet, auf den Reiz links oben bezieht bzw. auf den Reiz, den wir als Erstes gezeichnet haben.

Gehen Sie dann wieder in die Skript-Ansicht und Sie werden Code vorfinden, der sehr ähnlich zum folgenden ist:

```
1    set duration 0

2    set description "Displays stimuli"

3    draw fixdot color=white show_if=always style=default x=0 y=0 z_index=0

4    draw image center=1 file="d_green_e.png" scale=0.2 show_if=always x=-96.0 y=-96.0 z_index=0

5    draw image center=1 file="t_green_e.png" scale=0.2 show_if=always x=96.0 y=-96.0 z_index=0

6    draw image center=1 file="d_red_e.png" scale=0.2 show_if=always x=96.0 y=96.0 z_index=0

7    draw image center=1 file="d_green_e.png" scale=0.2 show_if=always x=-96.0 y=96.0 z_index=0
```

Die Zahlen vor einigen Zeilen geben an, dass Python alles, was hinter dieser Zahl steht, als einen zusammenhängenden Befehl versteht, bei dem es prinzipiell belanglos ist, ob sich dieser über mehrere Zeilen erstreckt, weil er zu lange für eine Zeile ist. Die Zahlen dienen uns also mehr als eine optische Unterstützung. Die Reihenfolge, in der die Befehle in Ihrer Skript-Ansicht stehen, kann sich mitunter auch unterscheiden. Wenn Sie z. B. merken, dass Sie den Fixationspunkt noch nicht gezeichnet haben, nachdem Sie bereits alle Reize an die gewünschten Positionen gegeben haben, dann ist die entsprechende Zeile (`draw fixdot` ...) am unteren Ende des Skripts angesiedelt. Zudem ist es sehr wahrscheinlich, dass sich meine und Ihre Files (`file = ...`) voneinander unterscheiden. Das ist allerdings ganz normal und hängt nur davon ab, welche Platzhalter Sie in der Zwischenzeit für Ihre gewünschten Positionen gewählt haben.

Vereinheitlichen wir nun aber unser Skript und ändern es wie folgt um:

7.2 Design in OpenSesame

```
1    set duration 0
2    set description "Displays stimuli"
3    draw fixdot color=white show_if=always style=default x=0 y=0 z_index=0
4    draw image center=1 file="[stim1]_[col1]_[sym1].png" scale=0.2 show_if=always x=-96.0 y=-96.0 z_index=0
5    draw image center=1 file="[stim2]_[col2]_[sym2].png" scale=0.2 show_if=always x=96.0 y=-96.0 z_index=0
6    draw image center=1 file="[stim3]_[col3]_[sym3].png" scale=0.2 show_if=always x=96.0 y=96.0 z_index=0
7    draw image center=1 file="[stim4]_[col4]_[sym4].png" scale=0.2 show_if=always x=-96.0 y=96.0 z_index=0
```

Wenn wir nun auf *Anwenden* klicken, sehen wir (ähnlich wie bei den zentralen Hinweisreizen aus unserem vorherigen Projekt), dass die zuvor von uns gezeichneten Reize durch kleine blaue Symbole mit eingebettetem Fragezeichen ersetzt wurden (da wir die Reize stark heruntergeskaliert haben, könnten diese Symbole bei Ihnen sehr klein sein, nicht wundern!).

Was haben wir also gemacht? Veranschaulichen wir uns das anhand Abb. 7.5. Wie Sie anhand der Namen jener Bilder, die uns als Reize dienen, erkennen können, sind in den Namen folgende drei Eigenschaften vermerkt, die wir variieren werden, wie an den eckigen Klammern in den neuen file-Namen erkennbar ist.

Als Erstes geben wir an, ob es sich beim Reiz an einer bestimmten Stelle um einen Zielreiz (engl. *target*) oder um einen Distraktor (engl. *distractor*) handelt. In den Dateinamen der Reize wird dies durch ein *t* (target) oder *d* (distractor) angegeben. In unserer Trialtabelle werden wir dies in den Variablen *stim1* bis *stim4* angeben. *Stim* steht dabei für Stimulus. Wie immer ist die Benennung dabei arbiträr, Sie könnten die entsprechenden Variablen genauso gut *form1* bis *form4* benennen (in diesem Falle müssten Sie im Skript die Files dann aber mit *[form1]_[col1]_[sym1].png* etc. benennen).

Achten Sie nur darauf, dass die Benennung nachvollziehbar und idealerweise einheitlich ist.

Als zweiten Parameter geben der Dateiname und unsere Variablen col1 bis col4 an, welche Farbe der Reiz hat. Diese Werte können entweder *green* oder *red* sein.

Zu guter Letzt gibt es noch die Parameter bzw. Variablen *sym1* bis *sym4*. Wie Sie sehen können, steht in den Dateinamen der Reize noch ein *e* oder ein *h*. Wie Sie vermutlich schon korrekt gemutmaßt haben, gibt dieser Buchstabe an, welcher

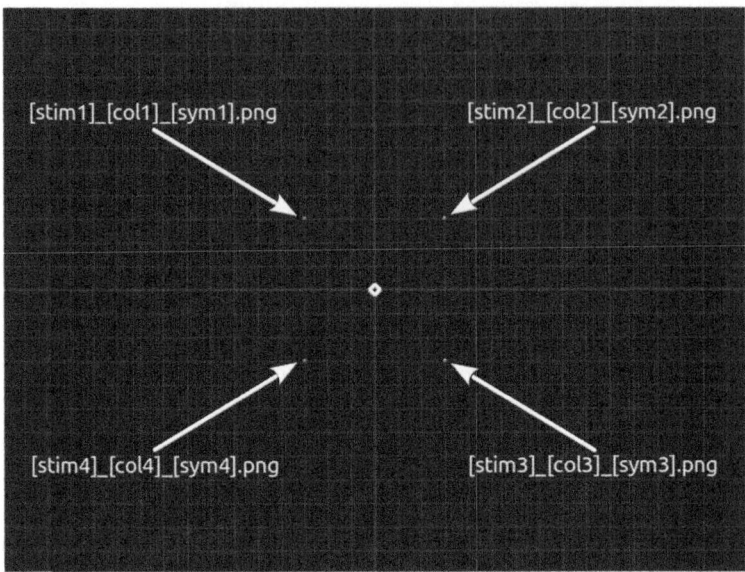

Abb. 7.5 Die file-Parameter der Bilder an den unterschiedlichen Positionen

Buchstabe in dem Reiz eingebettet ist. Versuchspersonen sollen nämlich nach dem Zielreiz suchen und angeben, ob darin ein *E* oder ein *H* eingebettet ist.

Warum die Dauer des Suchbildschirms auf 0 gesetzt wird, ist auch bereits aus dem ersten Experiment bekannt: Der Suchbildschirm verschwindet auf diese Art nicht sofort wieder, sondern OpenSesame springt sofort weiter zum *MouseResponse*-Item und erlaubt so sofort eine Antwort seitens der Versuchsperson.

4. **MouseResponse:** [*timeout: 4000*]. Versuchspersonen sollen je nachdem, welcher Buchstabe sich im Zielreiz befindet mit der linken oder rechten Maustaste antworten. Wenn nicht innerhalb von 4 s (4000 ms) eine Antwort gegeben wird, wird das so vom Logger gespeichert und der Fixationsbildschirm des neuen Durchganges erscheint.

7.3 Trialtabellen

Wir kennen Trialtabellen bereits aus dem Hinweisreizparadigma. Zur Erinnerung im Hinweisreizparadigma hatten wir eine Variable, die die Position des Hinweisreizes angab, eine Variable, die die Position des Zielreizes angab, sowie eine Variable, die angab, welcher Buchstabe als Zielreiz diente. Da wir lediglich zwei Positionen für den Hinweis- und Zielreiz verwendeten, konnten wir uns schlicht alle möglichen Kombinationen der Variablen durchgehen und hatten alle brauchbaren Durchgänge.

Dieses Vorgehen ist im ASP nicht zielführend. Stellen Sie sich mal nur die Variablen *stim1* bis *stim4* vor: An allen vier Positionen kann entweder der Zielreiz oder ein Distraktor erscheinen. *Aber:* Würden wir nun alle Kombinationen der Ausprägungen der Variablen *stim1* bis *stim4* erstellen, müssten wir auch Durchgänge erstellen, in denen es mehr als einen Zielreiz gibt, es gar keinen Zielreiz gibt oder in denen alle Reize der Zielreiz sind. Wir haben nun also eine Restriktion, auf deren Einhaltung wir selbst achten müssen: Es kann immer nur eine der Variablen *stim1* bis *stim4* den Wert *t* annehmen und alle anderen *stim*-Variablen müssen die Ausprägung *d* haben. Dasselbe Prinzip gilt auch für die Variablen *sym1* bis *sym4* (ob ein *E* oder ein *H* in einem Reiz eingebettet ist): Wir müssen selbst dafür Sorge tragen, dass stets zwei *E*s und zwei *H*s im Suchbildschirm dargeboten werden.

Der Restriktionen aber noch nicht genug: Wir wissen auch, dass der Zielreiz nie rot sein kann. Demzufolge kann es also auch nie sein, dass z. B. die Variable *stim1* den Wert *t* annimmt und die Variable *col1* den Wert *red*. Es liegt nun in unserer Verantwortung, korrekte Trialtabellen zu erstellen. Alles, was ab nun folgt, sind primär Empfehlungen und Tipps aus meiner eigenen Erfahrung. Durch eigene Versuche kann es daher absolut sein, dass Sie auf alternative, effektivere oder schlicht für Sie verständlichere Vorgehensweisen stoßen. In diesem Sinne, legen wir los!

7.3.1 Software

Obwohl es möglich ist, die Durchgänge/Trialtabellen direkt in OpenSesame innerhalb eines Loop-Items zu erstellen, empfehle ich, eine Tabellenkalkulationssoftware zu verwenden. Und schauen Sie mal, schon so früh in diesem Abschnitt haben Sie etwas Neues gelernt: So hochgestochen kann man Programme wie Microsoft Excel bezeichnen. Während es absolut möglich ist, dass Sie für das weitere Vorgehen Excel verwenden, möchte ich Sie dazu animieren, freie Alternativen auszuprobieren, wie etwa LibreOffice (https://de.libreoffice.org/). Nein, ich werde für diese Werbeeinschaltung nicht bezahlt, gerade der Mangel an finanziellen Interessen ist das Spannende an Projekten wie LibreOffice. Es gibt aber auch andere Dinge, die mehr für Alternativen zu Microsoft Excel sprechen, ganz besonders der Eigensinn, den Excel an den Tag legt, etwa dass csv-Dateien (das ist speziell für später wichtig) nicht einfach und unproblematisch geöffnet werden können, sondern zunächst ein Einstellungsmarathon absolviert werden muss, um das zu erreichen. Schlimmstenfalls kann es sogar sein, dass Excel-Werte, die wir eingeben, einfach als etwas anderes interpretiert und so wochenlange Arbeit einfach vernichtet (wie etwa meine Masterarbeit). Das Gleiche ist auch in der Biologie bekannt, wo man sich nun entschieden hat, 27 menschliche Gene umzubenennen, da Excel die Namen der Gene stets als Datumsangaben interpretierte.

7.3.2 Erstellen der Trialtabellen

Gleich wie in OpenSesame beginnen wir damit, die Variablennamen in die oberste Zeile zu schreiben. Auch wenn zu einem späteren Zeitpunkt noch mehr Variablen hinzugefügt werden, definieren wir zunächst einmal die Variablen *stim1* bis *stim4*, *col1* bis *col4* und *sym1* bis *sym4*. Wir werden uns zunächst einmal auf Durchgänge ohne zusätzlichen Distraktor konzentrieren. Das bedeutet, dass alle Werte in den Variablen *col1* bis *col4* in diesem Abschnitt *green* sein werden. Deshalb werden diese Variablen vorerst außen vor gelassen.

Schritt für Schritt können wir wie folgt vorgehen:

1. Definieren wir in einer Zeile die Variablen stim1 bis stim4 so, dass an der ersten Stelle der Zielreiz auftaucht und an allen anderen Positionen ein Distraktor. Unsere Trialtabelle sieht vorerst also aus wie folgende Tabelle.

stim1	stim2	stim3	stim4
t	d	d	d

2. Fügen wir nun die Variablen sym1 bis sym4 hinzu. In meiner Vorgehensweise gehe ich alle möglichen Permutationen der Variablen durch und kopiere dann die Variablen stim1 bis stim4 in entsprechend viele Zeilen, sodass für die

7.3 Trialtabellen

stim1	stim2	stim3	stim4	sym1	sym2	sym3	sym4
t	d	d	d	e	e	h	h
t	d	d	d	h	h	e	e
t	d	d	d	e	h	e	h
t	d	d	d	h	e	h	e
t	d	d	d	e	h	h	e
t	d	d	d	h	e	e	h

Abb. 7.6 Bisherige Trialtabelle mit allen Buchstabenkombinationen, wenn der Zielreiz an der ersten Position auftaucht

Bildschirmkonstellation, in der der Zielreiz an der ersten Position auftaucht, alle möglichen Buchstabenkombinationen möglich sind. Haben wir dasselbe gemacht, sollte Ihre Trialtabelle nun in etwa so aussehen, wie in Abb. 7.6.

3. Wir müssen OpenSesame natürlich auch noch wissen lassen, welche Antwort die Versuchspersonen denn geben sollen. Wie wir noch aus unserem ersten Experiment zum Hinweisreizparadigma wissen, soll die korrekte Antwort in einer Variable namens *correct_response* gespeichert werden. Erstellen wir also die Variable *correct_response* und überlegen uns, wie die Versuchspersonen auf welchen Buchstaben im Zielreiz reagieren sollen. Diese Entscheidung ist im Prinzip vollkommen arbiträr, instruieren wir die Versuchspersonen aber, auf den Buchstaben *E* mit der linken Maustaste *(left_button)* und auf den Buchstaben *H* mit der rechten Maustaste *(right_button)* zu reagieren. Steht hingegen *h* in *sym1*, müssen wir *right_button* in die Variable *correct_response* schreiben.

4. Nun müssen wir dieselbe Prozedur auch noch für alle anderen Positionen wiederholen, also etwa wenn der Zielreiz an Position zwei auftaucht *(stim2 = t)* usw. Wir können uns das Leben wesentlich einfacher machen, indem wir die bislang erstellten Zeilen (ohne die Variablennamen) kopieren, unten einfügen und den Inhalt der Spalten *stim1* und *sym1* so verschieben, dass sie nun die Spalten *stim2* und *sym2* besetzen und die bisherigen Werte der Spalten *stim2* und *sym2* nun die Spalten *stim1* und *sym1* besetzen. Natürlich können Sie auch die restlichen Kombinationen händisch erstellen, das bloße verschieben der Spalten hat jedoch zur Folge, dass die Variable *correct_response* auch weiterhin korrekt bleibt und die bereits existierenden Zeilen daraus nur entsprechend oft kopiert werden müssen (Abb. 7.7).

5. Bislang haben wir die Variablen col1 bis col4, also jene Variablen, die angeben, welche Farbe ein Stimulus haben soll, links liegen gelassen. Es ist eine Angewohnheit von mir, Aufgaben in überschaubare Teilschritte zu splitten. Deshalb werden wir die Trialtabelle, die wir bislang erstellt haben nur für

stim1	stim2	stim3	stim4	sym1	sym2	sym3	sym4	correct_response
t	d	d	d	e	e	h	h	left_button
t	d	d	d	h	h	e	e	right_button
t	d	d	d	e	h	e	h	left_button
t	d	d	d	h	e	h	e	right_button
t	d	d	d	e	h	h	e	left_button
t	d	d	d	h	e	e	h	right_button
t	d	d	d	e	e	h	h	left_button
t	d	d	d	h	h	e	e	right_button
t	d	d	d	e	h	e	h	left_button
t	d	d	d	h	e	h	e	right_button
t	d	d	d	e	h	h	e	left_button
t	d	d	d	h	e	e	h	right_button

alt + ziehen   alt + ziehen

Abb. 7.7 Bisherige Trialtabelle und weiteres Vorgehen mit Verschieben der relevanten Variablen

Durchgänge verwenden, die kein Farbsingleton beinhalten. Daher können wir in alle Zellen von col1 bis col4 und in allen Durchgängen *green* schreiben, da alle Reize stets grün sein sollen.
6. Um uns die Arbeit beim Analysieren unserer Daten zu erleichtern, erstellen wir eine zusätzliche Variable *singleton* und schreiben in jede Zeile *absent*. So wissen wir im Nachhinein, dass in einem Durchgang, der aus der bislang erstellten Tabelle entnommen wurde, kein zusätzliches Farbsingleton im Suchbildschirm war.
7. Speichern wir unsere Tabelle als *singleton_absent* ab. Welches Dateiformat (.ods,.csv, xlsx, ...) Sie dafür verwenden ist nicht relevant. Wichtig ist nur, dass Sie die Datei wieder öffnen können, sodass Ihre präferierte Tabellenkalkulationssoftware Zeilen und Spalten unterscheiden kann.

Nun ist ihre wieder einmal Ihre Eigeninitiative gefragt: Erstellen Sie nun eine zweite Datei namens *singleton_present*. Wie Sie sich denken können, geht es jetzt darum, dass Sie eine Tabelle erstellen, die alle möglichen Durchgänge mit einem Farbsingleton im Suchbildschirm auflistet. Beachten Sie dabei, dass der Zielreiz niemals rot sein darf! Vergessen Sie auch nicht, die Variable *singleton* in Ihrem neuen Datensatz auf *present* abzuändern.

Sollten Sie die Aufgabe gleich wie ich gelöst haben, dann sollten sich in Ihrer Datei *singleton_absent* 24 Durchgänge und in der Datei *singleton_present* 72 Durchgänge befinden. Nun, wie wir oben festgelegt haben, wollen wir allerdings 100 Durchgänge mit Farbsingleton und 100 Durchgänge ohne Farbsingleton. Das bedeutet, wir müssen einzelne Durchgänge mehrfach präsentieren. Im Falle der *singleton_absent*-Durchgänge können wir alle bereits existierenden Durchgänge markieren und dreimal kopieren, sodass wir 96 Durchgänge haben. Damit wir auf exakt 100 Durchgänge kommen, wählen wir nach dem Zufallsprinzip vier Durchgänge aus und kopieren sie ans Ende unserer *singleton_absent*-Durchgänge. Nun gut, so ganz nach dem Zufallsprinzip sollten wir uns auch nicht entscheiden. Schauen wir deshalb, dass wir vier Durchgänge auswählen, in denen der Zielreiz je an einer anderen Position auftritt. Es sollte nämlich tunlichst vermieden werden, dass eine bestimmte Position öfter vorkommt, als eine andere (Wang & Theeuwes, 2018). Komplizierter wird es da schon, wenn wir im nächsten Schritt die *singleton_present*-Durchgänge von 72 auf 100 Durchgänge bringen wollen. Hier ist Fingerspitzengefühl gefragt, nämlich insofern, als dass keine Zielreiz- und Distraktorpositionen wesentlich öfter vorkommen sollen, als andere, dass der eine Antwort mit der linken Maustaste gleich wahrscheinlich ist, wie eine Antwort mit der rechten Maustaste usw. Anders formuliert: Alle möglichen Einflussvariablen, die für uns nicht von Interesse sind, müssen ausbalanciert werden.

Nicht nur Ihnen, sondern auch manch anderen mag es bei dem Gedanken dass man selbst für eine gute Balancierung sorgt, den Magen umdrehen. Man kann nämlich auch bei der größten Vorsicht nicht ausschließen, dass man irgendeinen konfundierenden Faktor unberücksichtigt gelassen hat. Daher werden wir uns in den Ergänzungen für Fortgeschrittene in diesem Experiment ansehen, wie wir aus mehreren Trialtabellenversionen eine zufällige Version pro Versuchsperson auswählt, um mögliche unbeabsichtigte Konfundierungen zumindest über Versuchspersonen hinweg so gut wie möglich auszubalancieren.

Zum Abschluss, da wir nun 100 Durchgänge mit und 100 Durchgänge ohne zusätzliches Farbsingleton erstellt haben, fügen wir die beiden Tabellen zu einer einzigen, großen Tabelle zusammen. Achten Sie darauf, dass die Variablennamen lediglich einmal in der Tabelle vorkommen, nämlich ganz oben. Sollten Sie einfach alle Zeilen aus der einen Datei kopieren und in der anderen Tabelle einfügen, dann könnte es nämlich sein, dass in Zeile 102 der neuen Datei wieder *stim1, stim2...* zu finden ist. Mit einer solchen Zeile könnte OpenSesame nicht viel anfangen, da es sich dann auf die Suche nach einer Bilddatei namens *stim1_col1_sym1.png* begeben würde und Sie und Ihre Versuchsperson mit einer dieser allseits gern gesehenen Fehlermeldung konfrontieren würde.

7.3.3 Einfügen der Trialtabellen

Es wundert Sie vielleicht, warum wir für diesen vermeintlich einfachen Schritt ein eigenes Unterkapitel benötigen. Immerhin haben wir den Umgang mit dem

Loop-Item bereits im Experiment zum Hinweisreizparadigma kennengelernt, als wir dort die Durchgänge definiert haben. Wenn wir jedoch Trialtabellen mit einer separaten Software erstellen, so wie wir es soeben gemacht haben, haben wir zwei Möglichkeiten, diese Trialtabellen in OpenSesame einzufüttern: Simples Kopieren einer Trialtabelle aus z. B. LibreOffice und Einfügen in die Tabelle des Loop-Items oder die erstellte Trialtabelle als csv- oder xlsx-Datei speichern, in OpenSesame importieren und auslesen lassen.

7.3.3.1 Copy-Paste Methode

Die Copy-Paste-Methode bedarf wohl kaum einer näheren Erklärung. Man markiert die Trialtabelle in LibreOffice oder Excel, kopiert sie samt Variablennamen (Strg + C oder Rechtsklick → Kopieren) und kopiert sie in die oberste, linke Zelle eines Loop-Items in OpenSesame (Strg + V oder Rechtsklick → Einfügen). Und ja, ich gebe zu, es war mir soeben etwas peinlich, das zu erklären. Aber: Oft genug kommt es mit dieser Methode nämlich zu einem Fehler, der unter Umständen erst viel zu spät bemerkt wird! OpenSesame scheint nämlich in einiger Regelmäßigkeit am Ende der Tabelle noch eine leere Zeile einzufügen. Ob das geschehen ist erkennt man daran, dass die letzte Zeile im Loop-Item zwar noch eine zugewiesene Nummer aufweist, jedoch keine Inhalte in den einzelnen Spalten.

Dieser Umstand kann dazu führen, dass (wenn die Zeilen randomisiert durchgenommen werden sollen) diese leere Zeile irgendwann im Laufe des Experiments als Durchgang verstanden und durchgeführt wird. Naja… "durchgeführt" wird natürlich nur die Syntax, die für eine schöne Fehlermeldung verantwortlich ist: OpenSesame wird nämlich Schwierigkeiten haben, ein Bild namens "___.png" zu finden.

Also, wenn Sie sich für die Copy-Paste Methode entscheiden, **vergewissern Sie sich immer, dass es keine leere Zeile am Ende der Tabelle gibt.**

7.3.3.2 Tabelle als separates File einlesen

Eine alternative und unter Umständen wesentlich praktischere Methode, eine Trialtabelle in OpenSesame einzulesen, ist, die Trialtabelle als csv- oder xlsx-File abzuspeichern und in OpenSesame zu importieren. Das Importieren funktioniert hier analog zum Importieren der Reize, die Sie für dieses Experiment bereits anfangs importiert haben. Im Loop-Item hat man die Wahl, ob man die Durchgänge anhand einer Trialtabelle in OpenSesame definieren will, oder anhand eines separaten Files. Dazu muss man nur die entsprechende Option im Loop-Item auswählen (*Quelle* bzw. *Source* → *file*). Ähnlich wie beim Malen eines Bildes auf einen Bildschirm muss man dann noch jene Datei auswählen, die als Trialtabelle dienen soll.

Diese Option mag besonders für jene unter uns attraktiv sein, die lieber mit einer bereits vertrauten Tabellenkalkulationssoftware arbeiten. OpenSesame nimmt an, dass die erste Zeile die Variablennamen enthält und verwendet diese Variablen analog zur bereits bekannten Trialtabelle direkt im *Loop*-Item.

7.4 Auditives Feedback

Wenn eine Versuchsperson in der jetzigen Form des Experiments eine fehlerhafte oder gar keine Antwort gibt, geht das Experiment ohne Vorwarnung gleich in den nächsten Durchgang über. Wie wir aus unserem ersten Experiment bereits wissen, gibt es die Möglichkeit, den Versuchspersonen Feedback zu geben. Welche Gestalt dieses Feedback annimmt, ist in der Regel dem ästhetischen Empfinden der Experimentalleitung überlassen. So haben wir beim Hinweisreizparadigma das Feedback schriftlich gegeben, was durchaus Gang und Gäbe ist. Alternativ könnte man den Versuchspersonen aber auch über einen Ton rückmelden, dass sie sich soeben geirrt haben. Unter Umständen kann ein solches auditives Feedback bei visuellen Suchaufgaben auch recht gut motivierbar sein: Zum einen kann man argumentieren, dass die visuelle Information (also z. B. Buchstaben), die nicht unmittelbar mit der Suchaufgabe zu tun hat, möglichst gering gehalten werden soll. Zum anderen soll sichergestellt werden, dass die Versuchspersonen ihren Blick stets auf die Bildschirmmitte richten sollen und das durch visuell präsentiertes Feedback, bei dem die Versuchspersonen mitunter ihre Augen bewegen müssen, nicht gefährdet werden soll.

Prinzipiell ist das einbetten eines auditiven Feedbacks wirklich trivial: Ziehen wir einfach ein Synth-Item (Abb. 4.2.6) hinter *MouseResponse* in die Sequenz *TrialSeq*. Oft werden Töne für etwa 400 ms präsentiert. Die Dauer können wir im Synth-Item im Feld *Länge* (in der englischen Version *length*) adjustieren. Ebenso kann die Tonhöhe im Feld *Frequenz (Frequency)* angepasst und entweder in Hertz definiert werden, oder aber auch mit Tonnamen (etwa wäre der Kammerton A mit 440 Hz „*A1*"). Zum Schluss müssen wir, wie gewohnt, natürlich wieder auf die *TrialSeq* klicken und beim *Durchführen, wenn*-Statement *"[correct] == 0"* angeben.

Mit diesem Fehlerfeedback haben wir nun das absolute Minimum an Feedbacks erstellt. Toben Sie sich noch ein wenig aus, und ergänzen Sie noch Feedbacks, die Sie für sinnvoll erachten würden.

7.5 Inline-Skript: Balancierte Antworten & Trialtabellen

Wir haben nun bereits mehrfach gehört, dass wir alle inhaltlich nicht relevanten Faktoren eines Experiments möglichst ausbalancieren sollten. Genau das ist das Ziel der beiden Übungen in diesem Unterkapitel. Zum einen wollen wir, dass die Hälfte der Versuchspersonen auf den Buchstaben *E* mit der linken Maustaste und auf den Buchstaben *H* mit der rechten Maustaste, während die andere Hälfte der Versuchspersonen genau auf die umgekehrte Weise antworten sollen. Zum anderen wollen wir vermeiden, dass unsere zufällige Auswahl an Durchgängen, die doppelt erscheinen, um die Anzahl der Durchgänge auf insgesamt 200 zu bringen, unsere Ergebnisse unbeabsichtigt beeinflusst. Um das zu vermeiden werden wir mehrere unterschiedliche Trialtabellen erstellen und exakt ausbalancieren, dass jede der Versionen gleich oft durchgeführt wird.

7.5.1 Balancierte Antworten

Bislang haben wir das Antwortmuster so angelegt, dass die Versuchspersonen mit der linken Maustaste antworten sollten, wenn sich im Zielreiz ein *E* befindet und mit der rechten Maustaste, wenn sich ein *H* im Zielreiz befindet. Da sich dieses Antwortmuster für die Hälfte der Versuchspersonen umkehren soll, sind die Werte in *correct_response* in unserer Trialtabelle also nicht mehr fix *left_button* und *right_button,* sondern variabel. Und damit habe ich im Prinzip schon vorweggenommen, was wir jetzt tun müssen: Wir müssen jedes *left_button* in unserer Tabelle mit *"[e_response]"* und jedes *right_button* mit *"[h_response]"* ersetzen. Das bewerkstelligt man am besten, indem man in LibreOffice oder Excel die "Suchen und ersetzen"-Funktion verwendet. Es ist dabei wieder relativ egal, wie Sie die neuen Werte exakt benennen, lediglich zwei Dinge sind sehr wichtig: Erstens sollte es klar sein, was eine gewisse Antwort sein soll. Mit den von mir gewählten Namen kann man bereits recht gut nachvollziehen, dass in einem x-beliebigen Durchgang eine Antwort entweder auf ein *E* oder auf ein *H* gegeben werden soll. Zweitens – und noch viel wichtiger: *Die neuen Werte müssen unbedingt Variablen sein, weshalb eckige Klammern verwendet werden.*

Wenn wir nun wollen, dass die eine Hälfte der Versuchspersonen das Antwortmuster A und die andere Hälfte des Antwortmuster B hat, wie entscheiden wir, wer welches Antwortmuster erhält? Ich persönlich tendiere immer dazu, danach zu entscheiden, ob die Versuchsperson eine gerade oder eine ungerade Versuchspersonennummer hat. Unter normalen Umständen ist die Versuchspersonennummer nämlich absolut willkürlich ausgewählt und korreliert nicht mit

7.5 Inline-Skript: Balancierte Antworten & Trialtabellen

Geschlecht, Alter, Haarfarbe, Schuhgröße oder irgendeiner anderen arbiträren Eigenschaft der Versuchsperson. Insofern eignet sich die Parität immer gut, Versuchspersonen in zwei Gruppen einzuteilen.

Nachdem wir nun also alle alten *correct_response*-Werte in unserer Trialtabelle ersetzt und die neue Trialtabelle in unser OpenSesame-Experiment importiert haben, ziehen wir ein Inline-Skript-Item an den Beginn unseres Experiments.

Wie wir es bereits gewohnt sind, initialisieren wir zunächst unsere zwei relevanten Variablen und kommentieren unseren Code verständlich:

```
1    #initialize variables
2    var.e_response = 0
```

So weit, so einfach – sofern Sie bemerkt haben, dass Sie auch noch eine dritte Zeile in den Code einfügen müssen (Sie schaffen das!). Nun wird es etwas komplexer. Vergegenwärtigen wir uns zunächst, was wir denn eigentlich machen wollen: *Wenn die Versuchspersonennummer gerade ist, wollen wir, dass die korrekte Antwort auf einen Zielreiz, in dem ein E eingebettet ist, die linke Maustaste ist und die rechte Maustaste, wenn ein H im Zielreiz eingebettet ist. Sonst, also wenn die Versuchspersonennummer ungerade ist, soll dieses Antwortmuster umgekehrt sein.*

Sie werden gemerkt haben, dass ich zwei Wörter kursiv gesetzt habe: *wenn* und *sonst* bzw. auf Englisch *if* und *else*. *If-else-Statements* sind im Programmieren sehr geläufig und wichtig: Sie testen, ob eine von uns definierte Bedingung zutrifft und führt dann eine von uns definierte Aktion aus. Wenn die Bedingung hingegen nicht zu trifft, wird eine andere Aktion ausgeführt. In OpenSesame sieht das wie folgt aus (Sie können dieselben Zeilen unter den soeben verfassten Code eintippen):

```
1    # vary stimulus-response mapping according to subject_nr
2    # participants with even subject_nr: e = left & h = right
3    # participants with odd subject_nr: e = right & h = left
4    if self.get("subject_parity") == "even":
5        var.e_response = "left_button"
6        var.h_response = "right_button"
7    else:
8        var.e_response = "right_button"
9        var.h_response = "left_button"
```

Das Schöne an Python-Code ist, dass er an sich sogar für Neulinge recht leicht verständlich ist. Die einzige Eigenheit, die OpenSesame (sowie andere Programme, die auf Python basieren) hier einbringt ist *self.get("subject_parity")*. OpenSesame erstellt automatisch eine Variable, die *subject_parity* heißt und die Ausprägungen *even* (gerade) oder *odd* (ungerade) haben kann. *self.get()* bedeutet nun, dass OpenSesame etwas abrufen soll, das im Experiment selbst bereits angegeben wird/wurde.

Wichtig: Sollten Sie die Antwortmuster wechseln, müssen Sie natürlich auch die Instruktionen entsprechend anpassen! Dazu könnten Sie beispielsweise zwei unterschiedliche Versionen der Instruktionen erstellen und in den jeweiligen *"Durchführen, wenn"*-Statements *[subject_parity] == "even"* und *[subject_parity] == "odd"* angeben.

Modulus
Alternativ zum oben genannten Code hätten wir auch das Folgende schreiben können:

7.5 Inline-Skript: Balancierte Antworten & Trialtabellen

```
# vary stimulus-response mapping according to subject_nr
2       # participants with even subject_nr: e = left & h = right
3       # participants with odd subject_nr: e = right & h = left
4       if self.get("subject_parity")%2 == 0:
5           var.e_response = "left_button"
6           var.h_response = "right_button"
7       else:
8           var.e_response = "right_button"
9           var.h_response = "left_button"
```

Das Prozentzeichen symbolisiert in vielen Programmiersprachen den Modulus-Operator. Der Modulus bezieht sich auf den Restbetrag einer Division. Beispielsweise wäre 6 %2 gleich 0, da sich sechs ohne Restbetrag durch zwei dividieren lässt. 9 %6 hingegen wäre 3, da neun 9 dividiert durch sechs eins ist und der Restbetrag von drei überbleibt. Im Code oben haben wir also geschaut, ob die Versuchspersonenzahl ohne Restbetrag durch zwei teilbar, d. h. gerade, ist. Für welche der beiden Varianten Sie sich entscheiden ist völlig Ihnen überlassen. Wie so oft beim Programmieren gibt es nicht *die eine* richtige Vorgehensweise, sondern viele Wege führen zum Ziel.

Aber was ist am Modulus so interessant, dass er ein eigenes Unterkapitel erhält? Nun, wir werden ihn im nächsten Unterkapitel noch etwas näher kennenlernen und anwenden. Es ist allerdings auch wichtig, dass Sie realisieren, dass Sie beim Programmieren (ob mit Inline-Skripten in OpenSesame oder sonst wo) Ihren ganz eigenen Stil entwickeln und umsetzen können. Gerade deshalb ist es allerdings wichtig, dass Sie Ihren Code ausführlich kommentieren: wenn Sie z. B. mit anderen Forscher:innen kollaborieren und Unterlagen austauschen, kann es sein, dass man Ihren Programmierstil – auch wenn der Code macht, was er machen soll – nicht so ohne weiteres nachvollziehen kann.

7.5.2 Balancierte Trialtabellen

Beginnen wir dieses Unterkapitel mit meiner Lieblingsbeschäftigung: Arbeiten auf andere abwälzen. Gehen Sie bitte wie folgt vor:

1. Erstellen Sie zunächst zusätzlich zu der bereits existierenden Trialtabelle noch drei zusätzliche, in denen sie andere Durchgänge duplizieren, um auf insgesamt 200 Durchgänge zu kommen.
2. Benennen Sie diese vier Versionen *version1, version2, version3* und *version4*. Ob sie diese Trialtabellen als csv oder xlsx speichern, ist wie immer Ihnen überlassen. Sollten Sie Excel verwenden, bin ich nicht böse auf Sie - nur wahnsinnig enttäuscht. Ich werde in weiterer Folge mit csv-Dateien arbeiten. Die Vorgehensweise ist aber absolut identisch, Sie müssten ggf. nur ".csv" durch ".xlsx" ersetzen.
3. Importieren Sie die vier Trialtabellen in OpenSesame.
4. Gehen wir nun auf das *Loop*-Item, das unsere Durchgänge beinhalten soll (*PracticeTrials* und/oder *MainTrials*).
5. Wählen Sie als Quelle nicht *table,* sondern *file* und wählen Sie einfach zufällig eine der vier Tabellen aus (z. B. *version1.csv*).
6. Ersetzen Sie (um beim obigen Beispiel zu bleiben) *version1* durch *[version]*, sodass nun als Quelle *[version].csv* angegeben ist.
7. Sollten Sie nicht schon ein Inline-Skript Item am Beginn des Experiments haben, geben Sie eines ganz an den Beginn des Experiments (z. B. unmittelbar vor oder nach den Instruktionen).
8. Initialisieren Sie wieder die Variable *version:*

```
#initialize trialtable version variable
var.version = 0
```

9. Tippen Sie folgende Zeilen ab und freuen Sie sich auf die nachfolgende Erklärung (rücken Sie den Text/die Zeilen bitte ggf. gleich ein):

7.5 Inline-Skript: Balancierte Antworten & Trialtabellen

```
1    #pick version according to subject nr
2    if self.get("subject_nr")%4 == 0:
3        var.version = "version1"
4    elif self.get("subject_nr")%4 == 1:
5        var.version = "version2"
6    elif self.get("subject_nr")%4 == 2:
7        var.version = "version3"
8    elif self.get("subject_nr")%4 == 3:
9        var.version = "version4"
```

Okay, was haben wir eben gemacht? Wir haben gesagt, dass die Version eins der Trialtabelle dann genommen werden soll, wenn die Versuchspersonennummer ohne Rest durch vier teilbar ist (4, 8, 12, ...). Sollte die Versuchspersonennummer bei einer Division durch vier einen Rest von eins erzeugen (1, 5, 9, ...), soll Version zwei der Trialtabelle verwendet werden. Sollte aber ein Rest von zwei bei einer Division durch vier überbleiben (2, 6, 10, ...), so soll Version drei der Trialtabelle verwendet werden. Zu guter Letzt: bleibt ein Rest von drei bei einer Division der Versuchspersonennummer durch vier (3, 7, 11, ...), dann soll Version vier der Trialtabelle verwendet werden.

Hier sehen wir den Nutzen des Modulus in Aktion und weshalb er eine Erwähnung wert ist. Zudem lernen wir eine weitere Facette von *if-else*-Statements kennen: *elif*. *elif* steht für "else if" und gibt an, dass, sollte eine vorher überprüfte Bedingung nicht zutreffen, diese neue Bedingung überprüft werden soll. Das bedeutet, dass man ein *if-else*-Statement logischerweise auch nicht mit *elif* beginnen kann.

Warum schreibt man also *elif* und nicht einfach beliebig oft *if*? Nun, man könnte jede einzelne Bedingung wieder mit einem *if* überprüfen: trifft die Bedingung nicht zu, haben wir außer ein wenig Rechenleistung nicht viel verloren. Hier liegt aber ganz genau der Grund für die Verwendung von *elif*: Dinge nach dem *elif* werden nur durchgeführt, wenn eine vorher gelistete Bedingung *nicht* zutrifft, während es übersprungen wird, wenn eine vorher aufgestellte Bedingung zutrifft. In unserem Kontext würden sich die Folgen wiederholter *if*-Statements durchaus in Grenzen halten. In komplexen Programmen kann jedoch jede einzelne unnötige Rechenoperation, wie etwa das abchecken, ob eine Bedingung zutrifft, die Performance des Programmes unnötig drosseln.

Übungsaufgaben

Ergänzen Sie das Experiment noch zusätzlich folgende Dinge:

1. Formulieren Sie verständliche Instruktionen und achten Sie darauf, dass alle Versuchspersonen die für sie zutreffenden Instruktionen erhalten.
2. Fügen Sie Pausen nach allen 50 (Haupt-)Durchgängen ein. Das bedeutet, dass die Übungsdurchgänge ohne Pause absolviert werden können.
3. Stellen Sie die PracticeTrials-Loop so ein, dass die Versuchspersonen 20 Durchgänge als Übung absolvieren.
4. Ergänzen Sie Feedbacks wie „Zu langsam!", wenn eine Antwort länger als 1500 ms auf sich warten lässt, die Antwort an sich aber korrekt gewesen wäre.
5. Formulieren Sie ein Debriefing (siehe nächstes Kapitel), in dem Sie Ihren Versuchspersonen erklären, was Sinn und Zweck des Experiments war und präsentieren Sie es als letzten Bildschirm im Experiment.

Durchführung eines Experiments

8

Ein standardisiertes Vorgehen ist essenziell dafür, die in Kap. 2 diskutierte Sekundärvarianz in den Daten zu kontrollieren. Das beinhaltet die Wahl eines geeigneten Testortes, die Standardisierung der Testbedingungen und die Einheitlichkeit von Instruktionen. Es gibt jedoch auch andere wichtige Faktoren, die bei psychologischen Experimenten berücksichtigt werden müssen, wie etwa die ethische Bedenkenlosigkeit eines Experiments, die angemessene Transparenz gegenüber den Versuchspersonen sowie den Datenschutz, um nur die wichtigsten zu nennen.

8.1 Testort

Die Wahl des geeigneten Testortes hängt zum Teil von der Fragestellung ab. Möchten Sie ein streng psychophysisches Experiment durchführen, in der die Luminanzen (Helligkeiten) des Raumes und der Reize streng kontrolliert werden sollen, wie etwa bei einer Fragestellung, die das Bloch'sche Gesetz betreffen (siehe Infobox), ist die Durchführung des Experiments in einer höchst kontrollierten Umgebung unumgänglich. Es sollte zudem gewährleistet werden, dass die Versuchspersonen die ihnen gestellten Aufgaben möglichst ungestört erledigen können. Das bedeutet, dass von einem psychologischen Experiment in einem Zug oder der Abflughalle eines Flughafens eher Abstand genommen werden sollte.

Bloch'sches Gesetz
Das Bloch'sche Gesetz beschreibt subjektive Helligkeitsempfindungen in den ersten etwa 100 Millisekunden nach dem Auftreten eines Reizes. Der subjektive

Helligkeitseindruck ist dabei das Produkt der Reizdauer und der Intensität eines Reizes:
$C = T \times I$.

C subjektiver Helligkeitseindruck
T Reizdauer
I Intensität des Reizes

Forschung zum Bloch'schen Gesetz kann nur unter streng kontrollierten Bedingungen stattfinden, da beispielsweise die Umgebungshelligkeit die reflektiven Eigenschaften des Computermonitors beeinflussen kann, was sich wiederum auf die Sichtbarkeit der Reize auswirken kann.

Versuchspersonen sollten stets in einheitlichen Testumgebungen getestet werden (auch wenn dies unter Umständen und mit ausreichend großen Stichproben nicht immer nötig ist, siehe Frătescu et al., 2019). Unterschiedliche Testbedingungen könnten die Quelle systematischer Störvarianz (Sekundärvarianz) sein, z.B. wenn unterschiedliche Lärmpegel zweier Testorte die Leistung in einem Konzentrationstest beeinflussen.
Folgende Fragen sollten Sie sich stets bei der Wahl Ihres Testortes stellen:

1. Können die Versuchspersonen ihre Aufgabe ungestört erledigen?
2. Ist der Testort für unbefugte Personen auch nach einer Testung unzugänglich? Dieser Punkt ist besonders wichtig, da unbefugte Personen unter Umständen das experimentelle Setup zwischen Testungen ändern oder gar zerstören könnten. Auch aus einer Datenschutzperspektive ist dieser Punkt höchst relevant: Sind Daten zu und von den Versuchspersonen für Dritte unzugänglich?
3. Ist der Testort für die jeweilige Forschungsfrage brauchbar? Wenn die Reizhelligkeit beispielsweise relevant ist: Kann ich gleichbleibende Beleuchtungsverhältnisse zwischen den Testungen gewährleisten?
4. Ist der Testraum adäquat ausgestattet? (z. B. Computerhardware, Kopfhörer etc.)
5. Haben die Rechner im Testraum die benötigte Software installiert?

8.2 Standardisierung

Die Daten eines Experiments sollten stets unter vergleichbaren Bedingungen gesammelt werden. Welche Faktoren ein Experiment ungewollt beeinflussen können, hängt natürlich auch teilweise von der exakten Fragestellung ab. In der visuellen Aufmerksamkeitsforschung ist es z.b. oft essenziell, dass die zu suchenden bzw. die zu ignorierenden Reize für alle Versuchspersonen exakt gleich sind. In Bezug auf die Helligkeit der Reize bedeutet das, dass die exakten Farbwerte für jeden verwendeten Monitor angepasst werden müssen, damit die Äquiluminanz (d. h. gleiche Helligkeit) aller Reize gegeben ist (sofern das ein möglicher konfundierender Faktor sein könnte).

Des Weiteren ist es nötig, dass die Reize für alle Versuchspersonen gleich groß und daher gleich gut erkennbar sind. Dies wird meist durch die Verwendung von Kinnstützen sichergestellt, die den Abstand der Augen zum Monitor und daher die visuellen Grade (d. h. Größe) der Reize über Versuchspersonen konstant halten.

8.3 Instruktionen

Versuchspersonen müssen in einem Experiment stets die gleichen Instruktionen erhalten – es sei denn, Sie wollen den Einfluss von Instruktionen untersuchen. Nehmen wir aber an, dass das bei uns nicht der Fall ist. Denken Sie beispielsweise an das Hinweisreizparadigma: Es ist essenziell, dass Versuchspersonen klargemacht wird, welche Vorhersagekraft die Hinweisreize für die kommende Zielreizposition haben. Würden wir einem Teil der Personen sagen, dass die Hinweisreize keinerlei Vorhersagekraft besitzen, während wir einem anderen Teil der Versuchspersonen vormachen, dass die Hinweisreize fast immer korrekt sind, so können wir von sehr stark unterschiedlichen Ergebnissen ausgehen. Sie sehen, dass die Instruktionen eine weitere Facette der Standardisierung sind. Da Testleiter-Effekte jedoch leider regelmäßig gefunden werden, d. h. unterschiedliche Ergebnisse, wenn beispielsweise Testleiter A das Experiment durchführt, als wenn Testleiterin B die Testleitung übernimmt.

Doch wie kann man solche Testleiter-Effekte vermeiden? Wie immer gibt es erschiedene Lösungsansätze:

1. Rein schriftliche Instruktionen: Es ist unter Umständen möglich, leicht verständliche, jedoch detaillierte Instruktionen im Experiment selbst zugeben. Dieses Vorgehen ist Ihnen vielleicht bereits aus Fragebogenstudien bekannt, in denen Testleiter:innen de facto obsolet sind. Im Falle klarer schriftlicher

Instruktionen sind seitens der Testleitung nur noch ein Begrüßen der Versuchspersonen und das Starten des Experiments notwendig. Achten Sie aber darauf, dass Sie Ihre Instruktionen angemessen und übersichtlich gestalten. Es ist leider manchmal ohnehin der Fall, dass Versuchspersonen sich schnell durch die Instruktionen klicken und dann nicht wissen, was die Aufgabe ist. Zu lange Instruktionen könnten dieses Verhalten noch zusätzlich motivieren.
2. Skript für die Instruktionen: Manchmal sind mündliche Instruktionen dennoch unumgänglich, da diese unter Umständen den Inhalt eines Experiments verständlicher machen. Speziell bei mehreren Testleiter:innen ist es dabei sehr hilfreich, die mündlichen Instruktionen zu verschriftlichen und in der Testsituation vorlesen zu lassen.

8.4 Ethische Überlegungen bei Experimenten

Obwohl es sicherlich für die meisten unter uns klar sein sollte: Die körperliche und geistige Unversehrtheit unserer Versuchspersonen hat oberste Priorität! Das bedeutet, dass große Achtsamkeit darauf gelegt werden sollte, was und wie die Versuchspersonen in einem Experiment bearbeiten sollen. Als Beispiel: Viele Psychologiestudierende und Psychologinnen und Psychologen beschäftigen sich mit psychischen Traumata. Es ist jedoch ethisch nicht – oder nur in den seltensten Fällen – vertretbar, Versuchspersonen gezielt zu traumatisieren oder traumatisierte Personen mit potenziell triggernden Reizen zu konfrontieren. Genauso problematisch kann es sein, Versuchspersonen medikamentös (in diesem Falle wäre die Supervision durch einen Arzt oder eine Ärztin unumgänglich) oder durch Drogen (legale oder illegale) zu beeinflussen.

Immer mehr wissenschaftliche Zeitschriften verlangen zudem bei der Einreichung eines Manuskripts eine Bewilligung der Experimente durch eine Ethikkommission, was bereits an vielen psychologischen Forschungseinrichtungen zur Planung eines jeden Experiments gehört. Die exakten ethischen Richtlinien, an denen sich Forschende zu orientieren haben, können von Land zu Land, aber auch von Forschungseinrichtung zu Forschungseinrichtung unterschiedlich sein. International haben sich aber Standards wie etwa die Deklaration von Helsinki als der Goldstandard für ethische Forschung am Menschen etabliert. Sie können diese Deklaration einfach im Internet finden, wie so oft ist Google Ihr Freund. Auch wenn sich die Deklaration von Helsinki primär mit medizinischer Forschung am Menschen beschäftigt, sollte es selbstredend sein, dass wir als Psychologen und Psychologinnen keine geringeren ethischen Standards für unsere Forschung haben sollten.

8.5 Transparenz gegenüber den Versuchspersonen

8.5.1 Einverständniserklärung

Versuchspersonen sollten *vor* dem Experiment über ihre Rechte aufgeklärt werden. Zu diesem Zweck unterschreiben Versuchspersonen oft vor dem Experiment eine sogenannte Einverständniserklärung. Auch wenn die oftmalige Praxis, dass Psychologiestudierende zum Sammeln von Versuchspersonenstunden verpflichtet werden, es nicht nahelegt: Die Teilnahme an den jeweiligen Experimenten muss freiwillig sein. Versuchspersonen sollten beispielsweise wissen, dass sie das Experiment zu jedem Zeitpunkt ohne die Angabe von Gründen abbrechen können. Negative Folgen dürfen den Versuchspersonen daraus natürlich nicht erwachsen. Was das aber genau heißt, ist oft aber nur uneinheitlich geregelt: Bekommen Versuchspersonen alle, gar keine oder nur Versuchspersonenstunden für die „abgesessene Zeit"? Letztlich obliegt diese Entscheidung – es sei denn, es gibt dafür institutionelle Richtlinien – der Kulanz der Testleitung.

Die Versuchspersonen müssen zudem vor dem Experiment aufgeklärt werden, wie lange das Experiment in etwa dauern wird und welche Vergütung (finanziell, feuchter Händedruck oder Versuchspersonenstunden) sie dafür erhalten. Versuchspersonen müssen auch damit einverstanden sein, dass ihre Daten anonymisiert und ohne Rückschlussmöglichkeit auf ihre Identität in wissenschaftlichen Zeitschriften veröffentlicht werden können. Ein Beispiel für eine Einverständniserklärung sehen Sie in der Infobox.

> **Beispiel**
>
> Sie sind dazu eingeladen, an der Studie **GibMirDatenFürEineProfessur** als Versuchsperson teilzunehmen.
>
> **Ihre Rechte**
> Sie können jederzeit vor, während oder nach der Studie weitere Informationen über Zweck, Ablauf etc. der Studie von der Testleitung einholen. Nach Abschluss der Studie werden Sie auch gerne über die Ergebnisse dieses Experiments informiert. Sie können die Untersuchung jederzeit und ohne Angabe von Gründen abbrechen.
>
> **Datenschutz**
> Ihre persönlichen Daten (etwa demographische Daten) werden getrennt von den im Experiment erhobenen Daten ausgewertet und aufbewahrt. Auf diese Weise stellen wir sicher, dass Ihre Anonymität gewahrt bleibt und Ihre Daten

aus dem Experiment nicht auf Sie zurückgeführt werden können. Es ist vorgesehen, dass die Daten des Experiments in einer wissenschaftlichen Zeitschrift und ggf. in einer online zugänglichen Datenbank veröffentlicht werden.

Vergütung
Das Experiment ist auf eine Dauer von maximal 60 min ausgelegt. Die Teilnahme an diesem Experiment wird dementsprechend mit einer Versuchspersonenstunde vergütet.

Einverständniserklärung
Durch Ihre Unterschrift bestätigen Sie, dass Sie die Versuchspersoneninformation gelesen und verstanden haben. Sie erklären sich mit der Teilnahme an dieser Studie sowie der Analyse der Daten durch befugte Personen einverstanden.
Name:
Matrikelnummer:
Geburtstag:
Geburtsort:
Datum, Unterschrift:◄

8.5.2 Debriefing

Unsere Versuchspersonen verdienen es, über die Ziele und Zwecke der Experimente, an denen sie als Versuchspersonen teilnehmen, aufgeklärt zu werden. Vollkommene Transparenz kann jedoch auch problematisch sein, da einige Versuchspersonen dazu neigen könnten, sich konform mit den Erwartungen der Testleitung zu verhalten. Erklären wir beispielsweise einer Versuchsperson vor dem Experiment, dass wir Kongruenzeffekte in dieser oder jener Bedingung erwarten, könnte es sein, dass uns die Versuchsperson „entgegenkommen" möchte und sich zu unseren Erwartungen konform verhält. Deshalb hat es sich eingebürgert, Versuchspersonen nach einem Experiment zu *debriefen:* Sobald wir die Daten der Versuchsperson gesammelt haben, können wir sie detailliert über den Sinn und Zweck unserer Forschung aufklären, ohne zu riskieren, dass die Daten dadurch unerwünscht beeinflusst werden.

Wie genau das Debriefing aussehen soll, bleibt letztlich dem oder der Durchführenden des Experiments überlassen: Das Debriefing kann schriftlich auf dem letzten Bildschirm des Experiments gegeben werden, den Versuchspersonen als schriftliche Erklärung ausgedruckt und mitgegeben werden, oder man kann die Versuchspersonen auch nach dem Experiment mündlich aufklären.

Datenaufbearbeitung 9

Was Sie in diesem Kapitel benötigen
So angenehm Statistiksoftware mit einer GUI auch sind (wie etwa *jamovi, JASP* oder *SPSS*), so wenig flexibel sind sie in der Anwendung (es sei denn, man ist bereit, sich mit der den jeweiligen Softwares zugrundeliegenden Syntax abzuplagen). Daher wird zu Beginn dieses Kapitels darauf eingegangen, wie man Daten, die man nach dem Durchführen der Experimente von OpenSesame ausgehändigt bekommt, für die weiteren Analysen in jamovi etc. vorbereitet.

Um die Daten, die uns OpenSesame nach dem Abschluss eines Experiments ausgibt, für die oben genannten Statistiksoftwares vorzubereiten, haben wir mehrere Möglichkeiten: Wir könnten die Daten in Excel oder einer vergleichbaren Tabellenkalkulationssoftware importieren und via verschiedenster Funktionen das von uns gewünschte Datenformat erhalten, Untergruppen bilden etc. Dieses Vorgehen wird von vielen bereits versierteren Nutzer:innen von Tabellenkalkulationssoftwares gewählt und hat keinerlei Nachteile gegenüber den anderen hier vorgeschlagenen Vorgehensweisen. Alternativ könnten Sie all die benötigten Schritte mithilfe von Programmierungen erreichen, wie etwa in R oder Python. Zu guter Letzt können Sie auch die Anwendungen, die ich im Folgenden beschreiben werde, verwenden. Diese Anwendungen, die ich sehr kreativ als Daten-Toolbox (DT) betitle, wurden in R geschrieben und verfügen über eine einfach verständliche GUI. Sie können auf die Anwendungen unter https://psyexp.shinyapps.io/daten-toolbox/ zugreifen.

Wir werden in diesem Kapitel einen Datensatz mit fiktiven Daten zum Hinweisreizparadigma verwenden, um Sie mit allen Werkzeugen der DT vertraut zu machen. Laden Sie sich also bitte auch den Datensatz „posner.csv" aus dem Downloadbereich der begleitenden Homepage (https://psyexp.shinyapps.io/daten-toolbox/) herunter (Abb. 9.1).

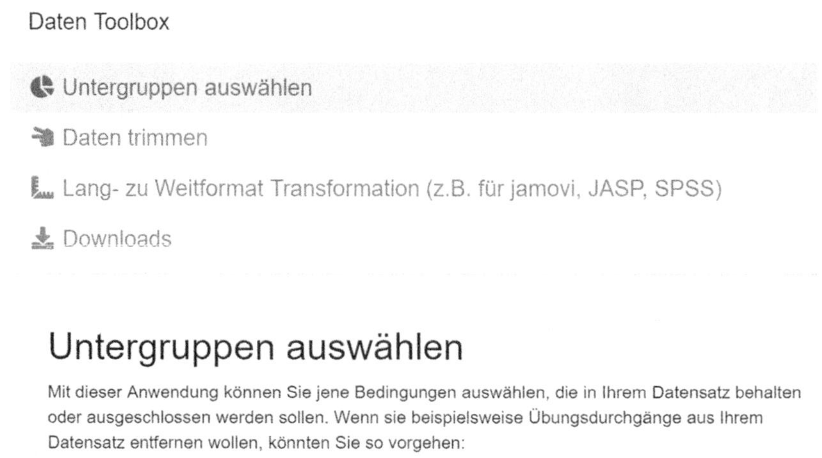

Daten Toolbox

 Untergruppen auswählen

 Daten trimmen

 Lang- zu Weitformat Transformation (z.B. für jamovi, JASP, SPSS)

 Downloads

Untergruppen auswählen

Mit dieser Anwendung können Sie jene Bedingungen auswählen, die in Ihrem Datensatz behalten oder ausgeschlossen werden sollen. Wenn sie beispielsweise Übungsdurchgänge aus Ihrem Datensatz entfernen wollen, könnten Sie so vorgehen:

Abb. 9.1 Von diesem Bildschirm werden Sie in der Daten-Toolbox begrüßt. Live ist die Homepage in einem augenschonenderen Dunkelmodus gehalten

9.1 Rohdaten aus OpenSesame

Nach jeder einzelnen Erhebung bzw. nach jeder einzelnen Versuchsperson, die Sie testen, speichert OpenSesame die Ergebnisse unter jenem Dateipfad auf Ihrem PC, in dem sich Ihr OpenSesame-Experiment befindet. Standardmäßig benennt OpenSesame diese Dateien nach der Versuchspersonennummer, die die jeweilige Versuchsperson hatte. Geben Sie etwa im Dialogfenster nach dem Start des Experiments die Versuchspersonennummer *1* an, heißt die Datei mit den Ergebnissen der Versuchsperson *„subject-1.csv"*. In einer *csv*-Datei, die Daten aus einem Experiment erhält, also in dem Zeilen und Spalten enthalten sind, werden Werte, die in unterschiedlichen Spalten sein sollen, durch ein Komma getrennt (deshalb auch der Name *comma separated values* → CSV) und Reihen werden in separaten Zeilen dargestellt. CSV-Dateien können einfach mit Texteditoren (z. B. Notepad++) geöffnet werden oder lassen sich auch sehr einfach mit Open-Source-Alternativen zu Excel (etwa LibreOffice) öffnen. Mit etwas Geschick kann man CSV-Dateien jedoch auch in Excel öffnen.

Hat man es hinbekommen, die Daten in einer Darstellung zu öffnen, die Sinn ergibt, sehen die Daten aus wie in Abb. 9.2.

	A	B	C	D	E	F
1	subject_nr	block	validity	practice	correct	response_time
2		1	peripheral	valid	yes	1	600
3		1	peripheral	invalid	yes	1	445
4		1	peripheral	valid	yes	1	620
5		1	peripheral	invalid	yes	1	638
6		1	peripheral	valid	yes	1	536
7		1	peripheral	invalid	yes	1	576
8		1	peripheral	valid	yes	1	572
9		1	peripheral	invalid	yes	1	595
10		1	peripheral	valid	yes	1	621
11		1	peripheral	invalid	yes	1	514
12		1	peripheral	valid	yes	1	591
13		1	peripheral	invalid	yes	1	619
14		1	peripheral	valid	yes	1	448
15		1	peripheral	invalid	yes	1	546
16		1	peripheral	valid	yes	1	524
17		1	peripheral	invalid	yes	1	414

Abb. 9.2 Sie sehen erste Zeilen des Datensatzes „posner.csv". Jede Zeile enthält die Daten eines Versuchsdurchgangs und jede Spalte zeigt die Ausprägung einer bestimmten Variable, so wie sie in einem jeweiligen Durchgang war

9.2 Fälle ausschließen

Meistens ist es der Fall, dass wir nicht alle gemessenen Durchgänge analysieren wollen und daher einige Durchgänge von der Analyse ausschließen müssen. Wie wir in Abb. 9.2 sehen können, befinden sich im Datensatz „*posner.csv*" noch die Übungsdurchgänge (Zeilen, in denen die Zellen in der Spalte *practice* „yes" enthalten sind). Diese Übungsdurchgänge wurden ursprünglich ja deshalb überhaupt durchgeführt, damit Versuchspersonen sich mit der Aufgabe vertraut machen können und wir dann in den Hauptdurchgängen nur jene kognitiven Prozesse messen, die uns interessieren, und nicht etwa Prozesse, die mit der anfänglichen Unsicherheit über die Aufgabe verbunden sind (vgl. *signal-to-noise-Verhältnis*). Es ist daher nötig, jene Durchgänge, in denen die Variable *practice* die Ausprägung „yes" hat, aus unserem Datensatz zu entfernen. Dieser Vorgang ist prinzipiell auch sehr einfach per Hand zu erledigen (einfach die entsprechenden Zeilen in LibreOffice o. Ä. markieren und löschen), jedoch ist dieses Vorgehen mitunter zeitintensiv und – wie die meisten nicht-automatisierten Arbeiten – fehleranfällig.

Auf https://psyexp.shinyapps.io/daten-toolbox/ finden Sie in der Navigationsleiste den Punkt *Untergruppen auswählen*. Wie bereits vorhin empfehle ich Ihnen, dass Sie sich den begleitenden Beispieldatensatz zum Posner'schen Hinweisreizparadigma *(posner.csv)* herunterladen, damit Sie die weiteren Schritte selbst nachvollziehen können.

Welches Subset unserer Daten wollen wir nun ausschließen und welches behalten? Alle Variablen sind für uns prinzipiell relevant:

1. *subject_nr* gibt an, welche Versuchsperson die Durchgänge bearbeitet hat
2. *block* gibt an, welchen Block die Versuchsperson in einem bestimmten Durchgang bearbeitet hat (central oder peripheral)
3. *validity* gibt an, ob ein Durchgang valide oder invalide war
4. *practice* gibt an, ob es sich um einen Übungs- oder einen Hauptdurchgang gehandelt hat (yes oder no)
5. *correct* gibt an, ob der Durchgang korrekt oder inkorrekt beantwortet wurde (0 = inkorrekt, 1 = korrekt)
6. *response_time* beinhaltet die RTs in Millisekunden

Bei *correct* und *response_time* handelt es sich um unsere AVs, während *block* und *validity* unsere UVs sind. Wir wollen nun also alle Durchgänge aus dem Datensatz entfernen, in denen die Variable *practice* die Ausprägung „yes" hatte, d. h., nur alle Durchgänge, die *nicht* Trainingsdurchgänge sind, sollen in unsere Analyse eingehen.

Öffnen wir nun das bereits angesprochene Untergruppen-Tool in der DT. Abb. 9.3 zeigt, mit welchem Bildschirm Sie begrüßt werden. Gehen wir nun Schritt für Schritt die Prozedur durch, mit der Sie Fälle aus Ihrem Datensatz ausschließen können.

1. Zunächst laden wir unseren Datensatz hoch. Die DT akzeptiert nur csv-Dateien. Verwenden wir dazu das Feld *Datei auswählen* und wählen, da wir schon den Tipp hierfür erhalten haben, unsere Datei aus. Wenn wir unseren Datensatz *posner.csv* hochladen, wird uns eine Vorschau des Datensatzes gezeigt, damit wir kontrollieren können, dass sowohl die Spalten als auch die Zeilen richtig eingelesen wurden. Der hochgeladene Datensatz sollte aussehen wie in Abb. 9.4.
2. Im zweiten und wichtigsten Schritt definieren wir jene Fälle, die im Datensatz bleiben sollen. Dafür braucht die DT mindestens drei Parameter: den *Namen* der Variable, ein *Statement (ist gleich, ist nicht gleich, größer als, kleiner als)* und die *Ausprägung* der Variable. Wenn wir nun wollen, dass nur jene Durchgänge im Datensatz bleiben sollen, in denen die Variable *practice* die

9.2 Fälle ausschließen

Untergruppen auswählen

Mit dieser Anwendung können Sie jene Bedingungen auswählen, die in Ihrem Datensatz behalten oder ausgeschlossen werden sollen. Wenn sie beispielsweise Übungsdurchgänge aus Ihrem Datensatz entfernen wollen, könnten Sie so vorgehen:

1. Laden Sie Ihren Datensatz hoch.
2. Geben Sie im Feld "Variable" den Namen jener Variable an, welche die Information beinhaltet, ob es sich um einen Übungsdurchgang handelt oder nicht.
3. Spezifizieren Sie das Statement (1) als "ist gleich".
4. Spezifizieren Sie die Faktorstufe, die im Datensatz bleiben soll im "Statement"-Feld. Bei uns wäre das "no" (Sie brauchen hier keine Anführungszeichen verwenden)
5. Sie können anhand der Vorschau der ersten paar Zeilen des neuen Datensatzes kontrollieren, ob Ihre Änderungen übernommen wurden.
6. Klicken Sie einfach auf den Download-Button, um den Datensatz herunterzuladen.

Bislang können nur vier Bedingungen gleichzeitig spezifiziert werden. Laden Sie einfach Ihren bereits modifizierten Datensatz erneut hoch, wenn Sie mehr Bedingungen spezifizieren wollen.

Schritt 1: Laden Sie Ihre Daten hoch

Datei auswählen

| Browse... | No file selected |

Abb. 9.3 Der erste Abschnitt des Subset-Tools. Sie sehen bereits (unter Step 1) das Feld, in dem Sie die Daten hochladen können

subject_nr	block	validity	practice	correct	response_time
1	peripheral	valid	yes	1	600
1	peripheral	invalid	yes	1	445
1	peripheral	valid	yes	1	620
1	peripheral	invalid	yes	1	638
1	peripheral	valid	yes	1	536
1	peripheral	invalid	yes	1	576

Abb. 9.4 Vorschau des hochgeladenen Datensatzes *posner.csv*. Wie wir sehen, sind die Zeilen und Spalten korrekt eingelesen. **Hinweis:** Die Vorschau zeigt nicht den kompletten Datensatz, um das Programm effizient zu halten

subject_nr	block	validity	practice	correct	response_time
1	peripheral	invalid	no	1	574
1	peripheral	valid	no	1	421
1	peripheral	invalid	no	1	535
1	peripheral	valid	no	1	588
1	peripheral	invalid	no	1	607
1	peripheral	valid	no	1	504

Abb. 9.5 Vorschau des modifizierten Datensatzes. In der Spalte „practice" ist nun nur noch die Ausprägung „no" zu sehen

Ausprägung „no" hat, haben wir zwei Möglichkeiten, das umzusetzen: entweder **practice ist gleich no** oder **practice ist nicht gleich yes**. Versuchen wir das einmal aus und schauen, inwiefern sich die Vorschau des Datensatzes unten aussieht (Abb. 9.5).

Prinzipiell gibt es die Möglichkeit, bis zu vier solcher Argumente wie *practice is no* mit den Booleschen Operatoren *UND* oder *ODER* zu verbinden. Wollen wir beispielsweise nur Hauptdurchgänge aus dem Block *peripheral* im Datensatz lassen, könnten wir das mit dem Statement **practice ist no UND block ist peripheral** bewerkstelligen.

3. Zu guter Letzt laden wir unseren modifizierten Datensatz herunter. Dieser modifizierte Datensatz wird im Download-Ordner mit dem Namen *datasubsetDatum.csv* gespeichert. Diesen Datensatz können wir dann in weiterer Folge im Trim- und Long-to-Wide-Tool hochladen.

9.3 Daten trimmen

Bevor wir auf das Trimmen unserer Daten in der DT eingehen, beschäftigen wir uns mit der Logik hinter dem Trimmen.

Es wurde bereits öfter ausgeführt, dass wir einen kognitiven Prozess mittels RTs nur mit ausreichenden Messwiederholungen präzise messen können. Viele zusätzliche kognitive Prozesse, die in jedem Moment im Menschen ablaufen, bringen ein *Rauschen* in die Daten, wobei es mitunter schwierig sein kann, das *Signal* (unseren Effekt) von diesem Rauschen zu trennen. Aber auch sehr schlichte Fehlerquellen können zu problematischen Antworten führen. Das kann zum einen durch ein schlichtes Ausrutschen der Hand vorkommen, weshalb eine Antwort gegeben wird, bevor die eigentliche Aufgabe überhaupt erledigt werden konnte. Mitunter kann sich das in unrealistisch schnellen RTs äußern. Zum anderen kann es sein, dass ich gerade an was anderes gedacht habe („Warum hat mir die Ann-Jaqueline-Marie-Hilde auf Tinder noch nicht zurückgeschrieben? Muss ich noch mehr vor dem Badezimmerspiegel flexen?"). Durch so eine Ablenkung kann es mitunter zu sehr langen RTs kommen, bei denen man nicht mehr realistischerweise davon ausgehen kann, dass die Versuchspersonen die Aufgabe von anderen Prozessen unbeeinflusst erledigt haben.

Somit ist es klar, dass man nicht schlicht alle RTs, die man gesammelt hat, auswerten sollte. Vielmehr sollte man die RTs sorgfältig von ungewollten Einflüssen befreien, um so das Signal vom Rauschen abzuheben. Um das zu erreichen, gibt es zwei Prozeduren, die standardmäßig in der kognitionspsychologischen Forschung verwendet werden: anhand fixierter Werte Durchgänge ausschließen, sowie anhand von Versuchspersonen- und Faktorstufenmittelwerten und -standardabweichung. Wir gehen zu jedem Punkt das Vorgehen in der DT durch, weshalb es empfehlenswert ist, gleich den Subset-Datensatz aus dem vorangegangenen Abschnitt in das Trimm-Tool hochzuladen. Das bewerkstelligt man vollkommen gleich wie im Untergruppen-Tool.

Fixe Cut-Off Werte

Dieses Vorgehen ist per se sehr einfach erklärt: Alle RTs, die unter einen fixierten Wert fallen, und alle RTs, die über einen zweiten fixierten Wert steigen, werden ausgeschlossen. Wenn ich also nur RTs zwischen 300 und 800 ms analysieren möchte, schließe ich alle RTs, die nicht innerhalb dieses Bereiches liegen, aus. Dieses Vorgehen wurde speziell in früherer Forschung verwendet, da es wenig rechenintensiv und mitunter sogar recht einfach händisch zu erledigen ist. Welche Cut-Off Werte jedoch genau gewählt werden, liegen oft im eigenen Ermessen. Zu Beginn ist es daher ratsam, sich an Vorgängerstudien zu orientieren und bei hinreichender Vergleichbarkeit dieselben Cut-Off Werte für das eigene Experiment zu verwenden.

In DT geht man wie folgt vor:

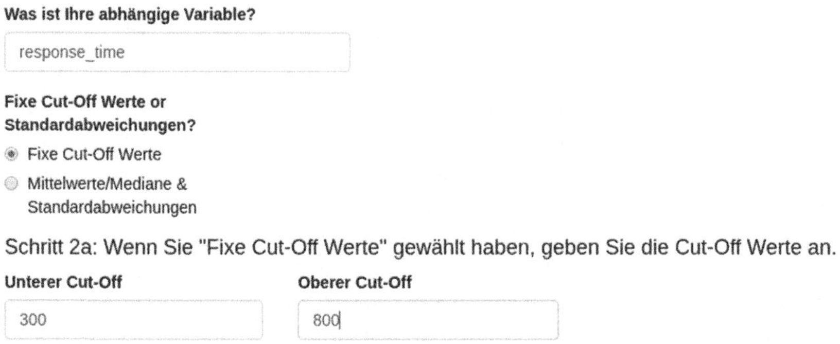

Was ist Ihre abhängige Variable?

response_time

Fixe Cut-Off Werte or Standardabweichungen?

⦿ Fixe Cut-Off Werte
○ Mittelwerte/Mediane & Standardabweichungen

Schritt 2a: Wenn Sie "Fixe Cut-Off Werte" gewählt haben, geben Sie die Cut-Off Werte an.

Unterer Cut-Off   **Oberer Cut-Off**

300   800

Abb. 9.6 Notwendige Angaben für das Verwenden von fixen Cut-Off Werten in der DT

1. Zunächst gibt man den Namen der AV an, anhand deren Werte die Daten getrimmt werden sollen. In unserem Fall ist das *response_time*. Geben wir diese Variable also im Feld *Was ist Ihre abhängige Variable?* an.
2. Danach wählt man auf die Frage „*Fixe Cut-Off Werte oder Standardabweichungen?*" die Option *Fixe Cut-Off Werte* (diese Option ist ohnehin bereits standardmäßig ausgewählt).
3. Im Abschnitt Schritt 2a geben wir dann die beiden Cut-Off Werte an: Wenn RTs unter 300 ms ausgeschlossen werden sollen, dann ist der untere Cut-Off Wert 300, und wenn RTs über 800 ms ausgeschlossen werden sollen, dann ist der obere Cut-Off Wert 800. Die Angaben in der DT sehen daher aus wie in Abb. 9.6.

Hinweis: Die Vorschau des modifizierten Datensatzes wird dynamisch upgedated. Wenn in den ersten Zeilen des Datensatzes keine Zeilen aufgrund unserer Angaben ausgeschlossen werden, sehen wir logischerweise an der Vorschau des modifizierten Datensatzes keine Änderung. Allerdings findet sich unter der Vorschau des modifizierten Datensatzes eine Angabe darüber, wie viel Prozent der ursprünglichen Daten im neuen Datensatz nach dem Trimmen entfernt wird.

Vor- und Nachteile dieser Trimmmethode

Diese Methode des Trimmens hat zwei Vorteile, die bereits oben genannt wurden. Zum einen ist sie recht einfach und straight-forward. Zudem bietet es sich an, mit dieser Methode Cut-Off Werte zu verwenden, die eventuell schon in anderen vergleichbaren Forschungsarbeiten verwendet wurden.

Es gibt allerdings auch gewaltige Nachteile an dieser Methode: RTs aus Bedingungen, auf die besonders schnell bzw. besonders langsam reagiert wird, werden überproportional oft ausgeschlossen. Gleiches gilt auch auf der Ebene von Versuchspersonen: Manche Versuchspersonen sind schneller, andere sind langsamer. Die Datenmenge von besonders schnellen und besonders langsamen Versuchspersonen wird überproportional stärker reduziert, obwohl die Daten prinzipiell womöglich die gleiche Güte und Aussagekraft hätten.

Trimmen nach Mittelwerten und Standardabweichungen

Dieser Ansatz ist wesentlich flexibler als das Trimmen anhand fixierter Cut-Off Werte, jedoch um einiges komplexer – aber glücklicherweise nicht komplett unverständlich. In dieser Methode wird speziell den Kritikpunkten der Cut-Off Methode Rechnung getragen, indem Unterschiede zwischen Bedingungen und/oder Versuchspersonen nicht ignoriert werden. Stellen wir uns vor, die RTs der einzelnen Versuchspersonen in den einzelnen Bedingungen (etwa Versuchsperson Nummer 1 in einem validen Durchgang mit einem peripheren Hinweisreiz) sind annähernd normalverteilt (in der Realität folgen RTs meist einer exponentiellen Gauß-Funktion, also einer leicht links-schiefen Verteilung mit mehr schnelleren RTs und weniger langsamen Reaktionen). Das bedeutet, dass man die Verteilung der RTs einer Versuchsperson innerhalb einer bestimmten Bedingung mit zwei Parametern beschreiben kann: dem Mittelwert und der Standardabweichung.

Die Logik dieser Prozedur ist nun, dass RTs, die mehr als eine bestimmte Anzahl an Standardabweichungen vom Mittelwert einer Person und/oder Bedingung abweichen, aus dem Datensatz ausgeschlossen werden. Auf diese Weise trägt man dem Umstand Rechnung, dass sich sowohl RTs von Personen als auch der Bedingungen unterscheiden. Nur Ausreißer, die weit von der Leistung der Person in einer bestimmten Bedingung abweichen, werden entfernt. In unserem Beispiel des Posner-Experiments interessieren wir uns für die Validitätseffekte der Versuchspersonen in der zentralen und peripheren Hinweisreizbedingung. Definieren wir entsprechend unsere Variablen 1, 2 und 3 als *subject_nr, validity* und *block*.

Dabei ist es aber nicht trivial, welche Anzahl an Standardabweichungen man wählt, ab der man RTs ausschließt. Verdeutlicht wird dies in Abb. 9.7: Je weniger Abweichung man vom Mittelwert zulässt, desto künstlicher wird die Trennung zwischen zwei Verteilungen (d. h., Bereiche, in denen sich RTs überlappen, werden entfernt). Andererseits lässt man mitunter zu viel an Rauschen zu, wenn man ein zu liberales Ausschlusskriterium wählt (z. B. drei oder vier Standardabweichungen vom Mittelwert). Häufig verwendete Ausschlusskriterien sind 2 oder 2,5 Standardabweichungen vom Mittelwert. Und genau nach diesem geläufigen Kriterium werden wir nun unsere Daten trimmen. Dazu benötigen wir wieder unsere Daten, aus denen wir die Trainingsdurchgänge entfernt haben (Abb. 9.8). Des Weiteren geben wir noch die Anzahl der Standardabweichung an, ab der Durchgänge ausgeschlossen werden sollen. Wir nehmen in unserem Beispiel 2.5 Standardabweichungen und sehen, dass lediglich 0,88 % der Durchgänge entfernt werden. Es ist wichtig, eine gute Balance zwischen guter Ausreißerkontrolle und einem Maximum an verwendbaren Daten zu finden. Auch wenn es hierzu keine festgelegten Regeln gibt, eine gute Faustregel wäre aber eine Ausschlussquote zwischen 0,5 % und 3 %.

Laden wir zum Abschluss den modifizierten Datensatz herunter. Dieser wird, wie bereits zuvor, in den Downloads gespeichert und standardmäßig *data-trimmedDatum.csv* genannt.

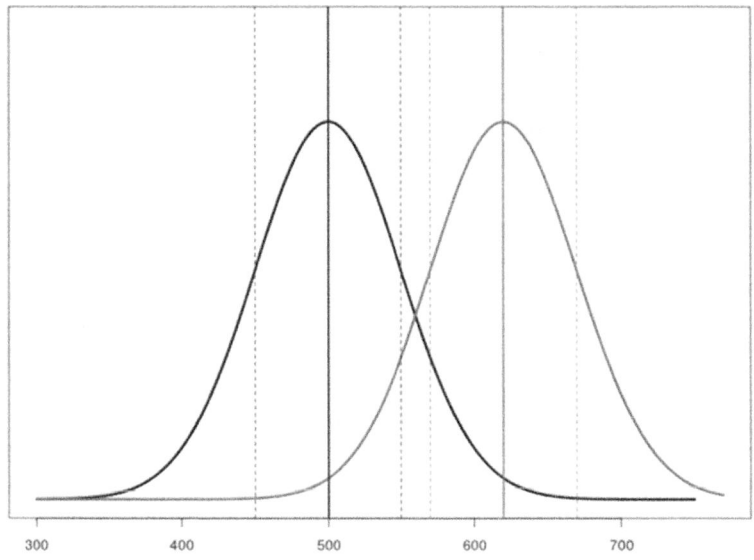

Abb. 9.7 Zwei Verteilungen mit den Mittelwerten 500 (schwarze) und 620 (grau) und einer Standardabweichung von 50. Die durchgehenden Linien sind die Mittelwerte und die gestrichelten Linien stellen eine Standardabweichung vom Mittelwert dar

9.3 Daten trimmen

Langformat

subject_nr	validity	block	response_time
1	invalid	peripheral	574
1	valid	peripheral	421
1	invalid	peripheral	535
1	valid	peripheral	588
1	invalid	peripheral	607

Weitformat

subject_nr	valid_peripheral	invalid_peripheral	valid_central	invalid_central
1	508	561	549	545
2	521	516	533	531
3	526	589	551	542
4	522	531	533	547
5	498	545	560	525

Abb. 9.8 Illustration des Unterschiedes zwischen Daten im Lang- und Weitformat

9.4 Lang- und Weitformat

Die Daten, so wie wir sie von OpenSesame ausgegeben bekommen, sind im Langformat. Langformat bedeutet, dass jede Zeile in der Tabelle einer Messung bzw. einem Durchgang entspricht und die Variablen in den einzelnen Spalten gelistet werden. Denken wir zurück an Abb. 9.5: Im ersten Durchgang, der von Versuchsperson 1 *[subject_nr]* erledigt wurde, wurde ein invalider *[validity]* peripherer *[block]* Hinweisreiz präsentiert, der eine RT von 574 ms *[response_time]* zur Folge hatte und korrekt *[correct]* beantwortet wurde. In Durchgang 2, der wieder von Versuchsperson 1 bearbeitet wurde, wurde ein valider peripherer Hinweisreiz präsentiert, die RT betrug 421 ms und eine korrekte Antwort wurde gegeben. Und so weiter und so fort. Manche statistische Softwares und Programmiersprachen können mit diesem Format schon sehr gut umgehen (beispielsweise R). SPSS, JASP und jamovi brauchen jedoch (zumindest für Messwiederholungsvarianzanalysen) Daten, die im *Weitformat* sind. Im Weitformat gibt es pro Versuchsperson lediglich eine Zeile, und jede Spalte repräsentiert den Mittelwert einer spezifischen Faktorstufenkombination (valide/peripher, valide/zentral …; siehe Abb. 9.8). Die Mittelwerte können dabei die mittleren RTs, die mittleren Fehlerraten o. Ä. sein. Vielleicht könnte eine solche Transformation der/die eine oder andere von Ihnen schon in Excel o. Ä. bewerkstelligen. Jedoch wird die Ermittlung der Faktorstufenmittelwerte noch durch einen weiteren Umstand erschwert: Von den RTs werden für gewöhnlich nämlich nur jene in die Analyse mit einbezogen, die aus korrekt bearbeiteten Durchgängen stammen. Wir müssten also zunächst alle Durchgänge, in denen die Variable *correct* den Wert 0 hat, von unseren Daten ausschließen, dann die Mittelwerte der RTs jeder Faktorstufenkombination für jede Versuchsperson berechnen, danach wieder alle Durchgänge (auch die inkorrekten) mit in den Datensatz aufnehmen, um danach die mittleren Fehlerraten jeder Faktorstufenkombination für jede Versuchsperson zu ermitteln.

Glücklicherweise scheint der Autor dieses Büchleins so gar keine Idee davon zu haben, was die schönen Dinge des Lebens sind und wie man ihnen frönen könnte. Daher hat er sich hingesetzt und alle diese Operationen im *Lang- zu Weitformat Transformationstool* in der DT automatisiert. Wie süß von ihm.

Gehen wir nun also Schritt für Schritt durch, wie Sie ihre Daten einfach mit der DT vom Lang- ins Weitformat transformieren können.

1. Laden Sie zunächst ihren getrimmten Datensatz (siehe letzten Abschnitt) an der dafür vorgesehenen Stelle hoch. Sie sehen an der gewohnten Stelle wieder die Vorschau des hochgeladenen Datensatzes.

2. Im zweiten Schritt spezifizieren Sie, ob Sie die Faktorstufenmittelwerte oder -mediane ausgegeben bekommen wollen und ob Sie inkorrekte Durchgänge in den RT-Mittelwerten ein- oder ausschließen wollen. Wir wählen die Option *Mittelwert* und *ja*. Beide Optionen sind bereits standardmäßig eingegeben, es ist jedoch wichtig, dass Sie sich dieser Umstände bewusst sind!
3. Danach sagen wir der DT, wie unsere RT-Variable heißt. In unserem Fall ist das die Variable *response_time*. Da wir inkorrekte Durchgänge von den RTs ausschließen wollen, müssen wir auch angeben, welche Variable angibt, ob die Antwort in einem Durchgang korrekt oder inkorrekt war. In unserem Fall ist das die Variable *correct*. Nur anhand des Variablennamens weiß die DT jedoch noch nicht, wie ein inkorrekter Durchgang gekennzeichnet wird. OpenSesame loggt inkorrekte Durchgänge als *correct = 0*, daher geben wir im Feld *Wie wird ein inkorrekter Durchgang geloggt?* den Wert *0* ein.
4. Schritt 4 übergehen wir für den Moment und belassen die Einstellungen so, wie sie die DT für uns bereitstellt.
5. Im nächsten Schritt geben wir, ähnlich wie beim Trimmen nach Standardabweichungen, die Variablen an, von denen uns die Faktorstufenmittelwerte interessieren. Wichtig ist jedoch, dass wir auch die Variable angeben, welche die unterschiedlichen Versuchspersonen angeben (*subject_nr*; ansonsten hätte unser transformierter Datensatz lediglich eine Zeile, da nicht nach Versuchspersonen getrennt wurde). Uns interessieren die Faktorstufenmittelwerte von *block* und *validity*, daher geben wir diese beiden Variablen an.
6. Wir sehen wieder, dass sich die Vorschau unseres modifizierten Datensatzes dynamisch updatet. Wenn alle Variablennamen korrekt (d. h. auch ohne Tippfehler) angegeben wurden, sollten Sie nun die Daten im Weitformat vor sich haben. Wir sehen, dass es nun mittlere RTs für jede einzelne Faktorstufe für jede Versuchsperson gibt. Zudem werden die mittleren Fehlerraten (in Prozent) und die Arkussinus-transformierten Fehlerraten der einzelnen Faktorstufen gelistet.
7. Laden wir unseren transformierten Datensatz herunter. Der Dateiname wird automatisch *data-transformedDatum.csv* sein.

Arkussinus-transformierte Fehlerraten
Für gewöhnlich führen vorteilhafte Durchgänge (etwa valide Hinweisreize, sofern sie die Aufmerksamkeit anziehen) zu schnelleren RTs und weniger Fehlern. Wenn valide Hinweisreize zu schnelleren RTs und zu mehr Fehlern führen, könnten Versuchspersonen strategisch abgewogen haben, dass sie lieber schneller antworten und dafür mehr Fehler in Kauf nehmen. Umgekehrt könnte es sein, dass unter bestimmten Bedingungen langsamer geantwortet wird, um Fehler zu vermeiden. In beiden Fällen spielen also strategische Überlegungen (ob implizit oder explizit) eine Rolle und nicht nur der Effekt, den wir untersuchen wollen.

Speed-Accuracy-Trade-Offs erschweren eine korrekte Interpretation der Daten also ungemein – wenn sie sie nicht gar unmöglich machen. Um solche Trade-Offs ausschließen zu können, werden auch meist die Fehlerraten der einzelnen Faktorstufen analysiert. Um die Analysen von RTs und Fehlerraten möglichst vergleichbar zu gestalten, werden bevorzugt die gleichen Analysemethoden verwendet (t-Tests, ANOVAs etc.). Fehlerraten sind allerdings in zweierlei Hinsicht sehr ungeeignet, um mit ihnen frequentistische Analysen, wie die eben genannten, durchzuführen: Zum einen sind sie nicht metrisch, sondern dichotom (korrekt oder inkorrekt). Mit solchen Daten beispielsweise t-Tests zu rechnen kommt zwar in der Literatur manchmal vor, verrät allerdings mehr über die statistischen Fertigkeiten der Autorinnen und Autoren als über die Datenlage. Zum anderen gibt es in den Fehlerraten relativ wenig Streuung: Versuchspersonen, die ca. 20–40 % der Durchgänge falsch erledigt haben, werden für gewöhnlich aus der Analyse ausgeschlossen, weil sie die Aufgabe nicht effizient erledigen konnten oder gar nur geraten haben. Das bedeutet, dass nur Versuchspersonen übrigbleiben, die maximal 20 % Fehler haben. Die Daten sind also relativ einseitig verteilt. Um diese Probleme (mehr oder weniger) in den Griff zu bekommen und identische Analysen zu den RTs zu erlauben, werden die Fehlerraten so transformiert, dass sie in etwa eine Normalverteilung haben (was eine wohlbekannte und wichtige Voraussetzung für parametrische Verfahren ist). Die Formel für diese Transformation lautet wie folgt:

$$\text{Fehlerrate}_{\text{transformiert}} = \text{asin}(\sqrt{\text{Fehlerrate}}).$$

Eine anstrengende Tatsache beim Berichten der Ergebnisse ist jedoch, dass die Analyse mit den transformierten Fehlerraten durchgeführt werden muss, berichtet werden jedoch die Fehlerraten, da sie um einiges leichter interpretierbar sind, als Arkussinus-transformierte Fehlerraten.

▶ Checkliste für das Verarbeiten und Vorbereiten der Daten

- Wie viele Fehler einer Versuchsperson akzeptiere ich, bevor ich sie von der Analyse ausschließe?
- Welche Fälle schließe ich bereits im Vorhinein von der Analyse aus? (Trainingsdurchgänge, spezifische Blöcke usw.)
- Welche Variablen sind für meine Analyse interessant?
  - + Habe ich nach diesen Variablen getrimmt (wenn der Ansatz nach Standardabweichungen verwendet wird)?
  - + Habe ich nach diesen Variablen transformiert?
- Wie trimme ich meine Daten?
- + Fixe Cut-Off Werte?
  - Welche Werte verwende ich, und gibt es dafür einen Präzedenzfall in der Literatur?
- + Mittelwerte und Standardabweichung?
  - Wie viele Standardabweichungen verwende ich, und gibt es dafür einen Präzedenzfall in der Literatur?

Literatur

Bacon, W. F., & Egeth, H. E. (1994). Overriding stimulus-driven attentional capture. *Perception & Psychophysics, 55*(5), 485–496. https://doi.org/10.3758/bf03205306

Desimone, R., & Duncan, J. (1995). Neural mechanisms of selective visual attention. *Annual Review of Neuroscience, 18*(1), 193–222. https://doi.org/10.1146/annurev.ne.18.030195.001205

Donders, F. C. (1969). On the speed of mental processes. *Acta Psychologica, 30*, 412–431. https://doi.org/10.1016/0001-6918(69)90065-1

Duncan, J., & Humphreys, G. W. (1989). Visual search and stimulus similarity. *Psychological Review, 96*(3), 433–458. https://doi.org/10.1037/0033-295x.96.3.433

Frătescu, M., Van Moorselaar, D., & Mathôt, S. (2019). Correction to: Can you have multiple attentional templates? Large-scale replications of Van Moorselaar, Theeuwes, and Olivers (2014) and Hollingworth and Beck (2016). *Attention, Perception, & Psychophysics, 82*(3), 1536–1536. https://doi.org/10.3758/s13414-019-01950-x

Gaspelin, N., & Luck, S. J. (2018). The role of inhibition in avoiding distraction by salient stimuli. *Trends in Cognitive Sciences, 22*(1), 79–92. https://doi.org/10.1016/j.tics.2017.11.001

Hatfield, G. (2002). Psychology, philosophy, and cognitive science: reflections on the history and philosophy of experimental psychology. *Mind & Language, 17*(3), 207–232. https://doi.org/10.1111/1468-0017.00196

Kar, B. R., Srinivasan, N., Nehabala, Y., & Nigam, R. (2017). Proactive and reactive control depends on emotional valence: A Stroop study with emotional expressions and words. *Cognition and Emotion, 32*(2), 325–340. https://doi.org/10.1080/02699931.2017.1304897

Kerlinger, F. N. (1973). *Foundation of behavioural research* (2. Aufl.). Reinhard and Winston.

Leber, A. B., & Egeth, H. E. (2006). It's under control: Top-down search strategies can override attentional capture. *Psychonomic Bulletin & Review, 13*(1), 132–138. https://doi.org/10.3758/bf03193824

Maljkovic, V., & Nakayama, K. (1994). Priming of pop-out: I. Role of features. *Memory & Cognition, 22*(6), 657–672. https://doi.org/10.3758/bf03209251

Mandler, G. (2006). *A history of modern experimental psychology: From James and Wundt to cognitive science.* MIT Press.

Open Science Collaboration. (2015). *Psychology. Estimating the reproducibility of psychological science. Science (New York, N.Y.), 349*(6251), aac4716. https://doi.org/10.1126/science.aac4716

Peirce, J. W. (2007). PsychoPy—Psychophysics software in Python. *Journal of Neuroscience Methods, 162*(1–2), 8–13. https://doi.org/10.1016/j.jneumeth.2006.11.017

Peirce, J., Gray, J. R., Simpson, S., MacAskill, M., Höchenberger, R., Sogo, H., & Lindelov, J. K. (2019). PsychoPy2: Experiments in behavior made easy. *Behavior Research Methods, 51*(1), 195–203. https://doi.org/10.3758/s13428-018-01193-y

Posner, M. I. (1980). Orienting of attention. *Quarterly Journal of Experimental Psychology, 32*(1), 3–25. https://doi.org/10.1080/00335558008248231

Scarborough, E. (1992). Mrs. Ricord and psychology for women, circa 1840. *American Psychologist, 47*(2), 274–280. https://doi.org/10.1037/0003-066x.47.2.274

Smith, P. L., & Little, D. R. (2018). Small is beautiful: In defense of the small-N design. *Psychonomic Bulletin & Review, 25*(6), 2083–2101. https://doi.org/10.3758/s13423-018-1451-8

Stroop, J. R. (1935). Studies of interference in serial verbal reactions. *Journal of Experimental Psychology, 18*(6), 643–662. https://doi.org/10.1037/h0054651

Theeuwes, J. (1991). Cross-dimensional perceptual selectivity. *Perception & Psychophysics, 50*(2), 184–193. https://doi.org/10.3758/bf03212219

Theeuwes, J. (1992). Perceptual selectivity for color and form. *Perception & Psychophysics, 51*(6), 599–606. https://doi.org/10.3758/bf03211656

Treisman, A. M., & Gelade, G. (1980). A feature-integration model of attention. *Cognitive Psychology, 12*(1), 97–136. https://doi.org/10.1016/0010-0285(80)90005-5

Wang, B., & Theeuwes, J. (2018). Statistical regularities modulate attentional capture. *Journal of Experimental Psychology: Human Perception and Performance, 44*(1), 13–17. https://doi.org/10.1037/xhp0000472

Zhou, C., Lorist, M. M., & Mathôt, S. (2020). Concurrent guidance of attention by multiple working memory items: Behavioral and computational evidence. *Attention, Perception, & Psychophysics, 82*(6), 2950–2962. https://doi.org/10.3758/s13414-020-02048-5

The manufacturer's authorised representative in the EU is Springer Nature Customer Service Centre GmbH, Europaplatz 3, 69115 Heidelberg, Germany. If you have any concerns regarding our products, please contact ProductSafety@springernature.com

Printed and bound by CPI Group (UK) Ltd, Croydon, CR0 4YY

25/03/2026

02078173-0014